适当的自私

[英] 查尔斯·汉迪 著
赵永芬 译

東方出版中心

图书在版编目(CIP)数据

适当的自私 / (英) 查尔斯·汉迪著；赵永芬译.
—上海：东方出版中心，2017.9
（查尔斯·汉迪管理经典书系）
ISBN 978-7-5473-1175-2

Ⅰ.①适… Ⅱ.①查… ②赵… Ⅲ.①企业管理
Ⅳ.①F272

中国版本图书馆CIP数据核字(2017)第189871号

适当的自私

出版发行：东方出版中心
地　　址：上海市仙霞路345号
电　　话：（021）62417400
邮政编码：200336
经　　销：全国新华书店
印　　刷：上海盛通时代印刷有限公司
开　　本：890×1240 毫米　1/32
字　　数：148 千字
印　　张：7　插页 2
版　　次：2017 年 9 月第 1 版第 1 次印刷
ISBN 978-7-5473-1175-2
定　　价：39.80元

东方出版中心邮购部　电话：（021）52069798

中文版序

我的书即将在中国这个历史古国和未来之邦出版，这让我感到非常兴奋。回顾数十年的写作生涯，我认为，我的书记录了我所认识的西方经济体中发生的商业革命的历程。我感到，这场革命是中国正在经历着的，而革命的速度远超当时的西方。而我的书也从回答“是什么”，升级为“怎么做”，甚至最近的“为什么”，其中的答案对今天的中国具有非常重要的价值。

我的第一本书出版于1976年。我之所以将它命名为《组织的概念》（*Understanding Organizations*），是因为从当时到今天，我一直认为，在组织中工作的大多数人，并不明白他们扮演的是什么角色或应该如何工作。因此他们总是不快乐，工作效率低下，遭遇失败。通过我自己在组织中工作的经历，我发现，组织有可能成为人类灵魂的监狱。

截至今日，我的第一本书在全球范围内销售了100万册，它已经成为一本标准的教科书，在首次出版40年之后的今天，许多大学和企业所开设的多门课程仍然将它作为教材。由此可见，虽然国家发展有起有落，但无论人们身在何处，他们的希望、恐惧和动机基本上不会改变。世界可能会改变，但人不会，而我所写的就是关于人，以及人与人的关系的内容。

另一方面，组织确实在变化，主要是因为技术的进步使得工作可以任意组合，只需一个按钮就可以使距离遥远的人们互相协作，完全不需要让与某项工作相关的所有人在同一个地方同时工作。这个显而易见的变化使管理者的所有工作都发生了变化。当管理者不能直接跟下属见面和交谈时，你必须更加努力地思考如何组织、控制和回报他们的工作。

我不禁深思，我们可能不得不重新思考组织的本质。首先购买员工的时间，然后将这些时间有效地填入工作——我们这样定义“雇用”正确吗？在技术的支持下，如果某项工作可以在远离公司总部的地方被分解为更小的单元来完成，那么，我们可不可以不再雇用员工来生产产品和提供服务，而是让他们自己把控工作时间？这样，在远离公司总部的地方，就无须再安排人来对员工进行事无巨细的监督，从而也就无须再租用办公场所，支付养老金和其他福利，并付出管理时间了。总之，我们可以把相当数量的人和小组从员工转化为供应商，这对双方都有好处。

对当下而言，这样的趋势是显而易见的，但在20世纪80年代时情况远非如此。所以，我开始写作第二本书《非理性的时代》（*The Age of Unreason*），试图告诉那些在组织中工作的人们，他们为什么需要“颠覆性思考”，以及在思考如何对工作加以组织时应该具有“非理性”或革命性。在书中，我谈到了三叶草型组织（Shamrock

Organization）——一个由核心人员、外包人员和兼职人员等三种人组成的组织。我认为，外包人员和兼职人员应自我定位为“组合式工作者”，将自己为数不多的客户和项目进行汇总或组合，这样他们就可以不再完全依赖于一个收入来源了。

如同我所著的每一本书，这本书在欧洲和美国都具有前瞻性。事实上，人们还没有做好准备去独立工作，组织也不相信人们可以独立工作。但是，慢慢地，世界变了，让每一个人继续在组织里工作，组织就需要支付高昂的薪水。于是，我的观点和我发明的术语就变得时髦起来了。

但是现在，我开始为组织新承受的压力越来越大而担心，这些压力来自全球化竞争、更大更强的发展要求、全天整周的工作时长、对员工越来越多的要求。那么，组织中的员工们，尤其是那些努力工作的核心成员是怎样做的呢？他们没有成为“空雨衣”的风险吗？我的下一本书以《我们身在何方？》（*Empty Raincoat*，英文名为“空雨衣”）作为书名，它借用了我在美国明尼阿波里斯市雕塑公园里看到的一个塑像的名字，那个塑像由一件雨衣构成，雨衣里并没有人。那天上午，我参观了一家大型跨国公司的总部。当我在办公桌旁边沿着办公室的长廊走下去时，我觉得坐在其中的人有可能牺牲了自己的个性来扮演某些角色，可能只是匿名的“角色扮演者”。

我觉得是时候将我的担忧公之于众了：组织对社会都做了些什么？在我看来，我们生活在一片黑暗的丛林里，被一系列悖论所迷惑。我们似乎越来越努力，越来越富有，但最后却越来越不快乐。生产效率是个好指标，但它通常意味着更少的人做更多的工作，于是，那些不再被需要的人和现在做两倍工作的人都无法高兴起来。人的寿命越来越长，自由时间越来越充裕，但我们却不知道该如何好好度过人生，特别是在工作组织不再需要我们之后。世界已成为一个令人迷惑的地方。

在《适当的自私》(*The Hungry Spirit*)一书中，我尝试探索社会所面临的这样一种困境，那就是社会已经找到了有关经济增长的一些答案，但却不知该如何对待所取得的经济增长。在非洲，我认为人们谈论的是两种饥饿，一种是浅层次的饥饿，一种是深层次的饥饿。一个人不太饿，另一个人比较饿。浅层次的饥饿需要的是维持生命的东西，包括必要的商品和服务，以及支付给他们的钱，以上这些也是我们需要的。深层次的饥饿需要则追寻一个“为什么”层次的问题的答案：“生命的意义是什么?”这本书的副标题是“个人与组织的希望与追寻”，其中我质疑的是，如果没有更多的道德约束，资本主义是否能够继续存在，以及市场是否有其局限性。在个人层面上，我深入思考了个人身份、宗教、社区和教育等问题。但我没有找到答案，只是一再地提问，有了一些零星的想法。我认为，随着一个国家变得越来越富裕，它需要深思自己的前进方向，还要思考一旦国民全部过上了富裕的生活，这个方向对他们意味着什么。

我最近出版的《你拿什么定义自己?》(*Myself and Other More Important Matters*)一书，记录了我人生不同阶段的生活。在写作时我意识到，我一生中的大部分作品深受亚里士多德的影响，他曾是我读大学时的研究对象。另一方面，回顾我的生活，我还发现，我的学问大多来自亲身经历，而不是学校里的课程。亚里士多德教我问“为什么”，但答案必须来自我的思考。在忙碌的生活中，我们常常没有空间去思考。然而，要想从自己的人生经历学到些什么，仅仅让它发生是不够的，你必须对它进行深刻反思。有意思的是，我发现自己从做错的事情中学到的东西，比从做对了的事情中要多。有时，把事情做对了，人反而会失去判断力。原本是因为好运，你却归功于你的智慧，然后你便再次如法炮制，却发现运气不再。我发现，你需要鼓起勇气承认错误。当然我很幸运，我早期的工作无人监督，只需自我管理。结果，当我犯了一个错误，我经常可以在没人发现它之前就将其改正。而新技术使管理者对下属的所作所为了如指掌，我对此表示担忧。因为，受到过度的控制，意味着你并不被信任。

在回顾人生时，我还意识到，人与人总是不同的。让周围的人成为你能信任的人，你的大部分问题就会迎刃而解。但是，要信任他人，你必须认同他们的价值观和当务之急。当我的工作出了状况，通常是因为我和我的老板对努力做的事情和如何衡量成功有不同的看法。确实，如何定义生活、工作和业务的成功，也许正是每一位领导者或管理者所面临的最重要的问题。当董事和经理们确信他们所谓的“股东价值”非常重要，企业的所有者和管理者会因此致富，但更广泛的社会阶层以及在组织里工作的人却所得甚少时，我确信西方资本主义已迷失了它的方向。

因此，毫不奇怪的是，80%的人只是为了工资而工作，一点也不在乎企业做了什么。他们只做不至于被解雇的少量工作，而把精力和创造力都投入到其他事情中去了。对我而言，我知道钱不是万能的，当你有足够的钱时，你也会这么想。我是通过一个惨痛的教训明白这一点的，当我被一个无法拒绝的录用通知所诱惑时，我就与一个糟糕的合同产生了关联，即将成为一个失去老朋友和良好人际关系的人。父亲的去世让我明白了，在人生的终点，职场上的成功远比不上你为他人所做的好事。可悲的是，在我懂得这个道理并且告诉他，他教了我很多之前，他已经去世了。所以，我的另一个教训是，千万不要推延与对你来说至关重要的人的交谈。

我之所以写这本书，是因为我相信，只要故事有一定的可取之处，它告诉你的就不仅仅是好的理论。我发现向生活学习是一种非常好的方式，我会鼓励更多的人写下他们一生所学的知识并分享出来。我们越是打开我们的生活，就会有越多的人有可能相信我们。我希望我的新读者会喜欢我的想法、故事和反思，并发现它们跟自己的生活和工作息息相关。我希望他们从西方世界的组织的错误中吸取教训，为他们自己和他们的社会做更好的事情。

查尔斯·汉迪

2017年于英国伦敦

目　录 | CONTENTS

第三部分 迈向可敬的社会

TOWARDS A DECENT SOCIETY

社会若要变得可敬，就必须重新诠释，而公司是社会的关键组织，更需要重新思量。教育也应该重新设计，使每个人都有担负起更多个人责任的心理准备。唯有如此，我们才会觉得生活与社会是靠自己亲手塑造的。

序　言

爱与死，寂寞与责任

从我写作的房间可以远眺英格兰东部的田野与森林。这真是抒情诗一般的田园景致，只待日后有像英国画家约翰·康斯特布尔（John Constable）之类的画家用油彩把它捕捉下来。看着老照片，你会觉得眼前的景色跟100年前一模一样，有些事情是不会变的。在我身后的村子里，人们仍然谈情说爱、生儿育女、遛狗散步、聊天喝茶，生生不息。每个人都必须处理的几项人生大事——爱与死、寂寞与责任，仍然担在我们肩上。

然而表象是会骗人的。100年前，两个人在这片田野上用大镰刀收割谷物的速度是一天0.4公顷地。今天，约翰一个人只消一天就可以收割8公顷地，若不是因为与雇主之间的合同如此约定，恐怕他还能干更多。过去的小农场如今已经被某些较大的东西吞噬了，原有的工作方式也已不复存在。村里的居民不再从事农耕，而是为电脑公司、房地产公司或是出版社工作，他们与工作之间的连接是通过电脑与传真机，而不再是耕作的农具。男人和女人都可以把这种工作做得很好，也就是说，丈夫与妻子往往都是一整天不在家，这就和过去不太一样了。屋子里的墙上装了防盗警报器，过去，这里的人可是连门都不用锁呢！

装警报器是因为在那些屋子里，有许多比过去任何时候都更值得去偷的东西。我们在物质上更富足了。不过有些人却觉得错过了机会，或者如果他们还年轻的话，他们也担心自己得不到机会。对于该做什么、该买什么以及该住在哪里这类事情，大家确实拥有更多的选择，但这并不意味着选择起来会比以前容易。尽管大部分的房子看来仿佛一直都坐落在那里，但是住在屋里的人却并非是在这个村子里出生的，而他们的孩子一旦羽翼丰满，也会离家单飞。这里不过是过客住的社区罢了。

我们住的村子可说是这个社会的缩影。乍看之下，生活似乎仍然像往常一样，可是仔细一瞧，变化已经渗透到了生活的每个层面，而我们也很乐于把这些变化称为“进步”。20年前，当我们买下这栋小屋时，厕所是在外面，而且也没有电，但是现在住起来可舒服多了。对大多数人来说，生活要比过去舒适得多。然而天下之事，鲜有不是祸福参半的。

财富能买到什么

我相信许多人都被我们为自己创造的这个世界给搞糊涂了。我们为人类幸福所做的贡献固然不容置疑，但它也将人划分为贫与富，并且把许多生活在其中的人搞得精疲力竭，却不见得会导向一个令人更满意的世界。但是，我不知道还有什么更好的经济制度，可以改变这种状况。纵然如此，任何事物（甚至连我们自己的生活）都可以商业化的这种流行新趋势，似乎并不是我们想要的答案。一家医院，以及我的生活，远比区区一桩生意来得重要。

积累相当的财富却无法使用，究竟对我们有什么好处？如果按照国际劳工组织（International Labor Organization，ILO）的估算，全世界有1/3的工作者正身处失业，或是只能兼职的境地，那么创造财富所需的效率又有何意义？这种不断要求数字增长的热情何时方休？倘若以现今的速度继续增长，再过100年，我们将会买下16倍于今天的东西。即使世界的环境可以容忍这些负担，我们又该拿这些东西做什么呢？当今已经有70家大企业的规模比许多国家还大，它们会不会继续增长？它们的增长对我们重要吗？

位高权重者对于这些问题不但漠不关心，而且还颇为志得意满。人们以为这些忧虑只是伴随变化而来的阵痛，时间、科技与经济增长自然会理清一切。我对这种想法感到失望，也为这么多人的生命遭到虚掷、人在财富中却仍穷困潦倒的现象感到愤怒。我不仅对较为形而上的人生观与人生目标的付之阙如颇为关注，更担忧充斥于我们所做的每一件事中的经济神话。金钱只是生活的工具，而非人生的意义，我们想必得做些什么，才能恢复这个平衡。

科学、经济学与宗教的误导

错在我们，这是毫无疑问的。

科学、经济学与宗教相互竞争的传统，提出了一些所谓的确定性，误导了我们的注意力。科学似乎是在暗指“我们”是由我们无法控制的力量塑造而成的，因此干脆躺下来听天由命吧。经济学则提出物质方面的繁荣富足才是共同目标，倘若接受这个前提的话，那么根据市场定律与效率原则，其余的一切都将难以抗拒地纷至沓来。宗教也提出了一套自己的所谓确定性，并且大力宣扬，说什么只要遵从它们的规则，或是信仰一种至高无上的力量，一切都会安好。即使在这个世界里无法如愿，在另一个想象出来的世界里，也一定可以得偿所愿。虽然理性告诉我们，任何一种传统的说法都既可能是对的也可能是错的，但根深蒂固的思想，却使我们的心灵抗拒不已。

成为金钱的奴隶

甚至是玩弄市场、把数百亿美金揣进腰包的乔治·索罗斯也感到忧心。他曾在《大西洋月刊》(*Atlantic Monthly*) 上发表过一篇很重要的文章，表达他对自由放任资本主义的担忧。他认为这种资本主义本身即造就出一个封闭的社会，而在这样的社会里，唯有一样东西是重要的，那就是物质上的成功。他说，一个真正开放的社会，应该相信天底下没有所谓绝对的真理，所以，必须允许各式各样的信念同时存在，而且要加以保护。每个人都必须能够自由自在地做决定。资本主义却因为坚持经济挂帅，反而可能使我们成为它的奴隶。

我的希望来自于一种预感，我想许多人也和我一样在怀疑、在忧虑，他们知道生活不仅仅是一桩生意，更察觉出造成生命轨迹差异的真正因素或许是爱、是友谊、是一种对他人的责任感，或是某种理想和信念，而非金钱。到最后，更重要的是，我们必须相信人生确实有特定的目标，虽然找出这个目标究竟为何，可能颇为困难，但大多数人对此都有相当程度的野心。我们都希望能够在一个可敬的社会里，过着可敬的生活，只要有半点机会，这种愿望也可能实现，因为我们都是善良与邪恶的混合体，我们的身体里既有心，也有头脑。倘若可以对自己的头脑与心再多相信一点，对那些规则和教条再少相信一点，或许我们就可以重新掌控那些真正重要的东西。

“相信”决定人生

一切都要从我父亲的过世开始说起。虽说他亲切又有爱心，但过去我一直以为他是个沉默的平凡人。他在爱尔兰乡间担任新教教区牧师，一干就是40年。他是个传统的基督徒，对晋升没有野心，在金钱方面也小心翼翼（因为钱实在不多），工作起来一板一眼，对信仰则虔诚无比。换句话说，我父亲与创造财富的那个世界，以及那个世界所制造的产品，都没有什么关联。

我18岁的时候暗暗发誓，以后决不再受穷，决不再上教堂，也决不再满足于现状。于是，我远离家园去追逐名利与财富。一开始，我在一家石油公司担任管理者，然后做了经济学家，到我父亲去世的时候，我的身份是伦敦商学院的教授。我四处闯荡，出版论文与书籍，总是野心勃勃地想登上巅峰，忙得没时间顾及家庭。多年以后我女儿对我说："直到我10岁的时候，我都以为你只是星期天和我们一起吃午餐的人。"

后来我父亲在他耄耋之年去世了。我在部分文章中曾提到父亲的葬礼，我为赶来向他道别的人数之多、哀痛之切而惊愕不已。显然他在有生之年曾经影响了数以百计的人，而他所用的方式也是我从来不曾想到过的。他显然做对了什么，只是愚钝的我看不出来。其实他也影响了我的人生，虽然他已无缘得知。

我终于明白，一个人懂得人生是什么，生命的意义又是什么，的确是至关重要的。在那一刻之前，我一直相信人生的意义在于成功、金钱与家庭，其重要性可能也是按这个顺序排的。现在，我仍然认为这些是很重要的，只不过顺序刚好颠倒。虽然有时候我也会问自己："何必那么费事?"每到这时，我就会想起西里尔·康诺利（Cyril Connolly）所说的话。有人曾问他对美好人生的定义，他回答道："写一本书，6点赴晚宴，与所爱的人一起游览意大利。"看起来康诺利对乐趣的定义颇有中产阶级的特色，但无论你对乐趣的定义为何，它都应该是生活的重要部分，但不是全部。即使是康诺利，也可能对晚宴与游览意大利感到厌烦，至于苦多于乐的写作就更别提了。

并非只有我对此产生过怀疑与困惑。埃里克·霍布斯鲍姆（Eric Hobsbawm）在他的《极端的年代》（*The Age of Extremes*）一书的结尾推论：

> 我们的世界冒着向外爆炸与向内破裂的双重危险。它非

改变不可……如果人类想拥有一个足以辨认的未来，就不能仰赖仅仅延长过去或现在存在的方式。如果我们企图以这个基础开创第三个千年纪元，我们将会失败。而失败的代价（也就是说，我们的社会若是改变不成，剩下的选择）就是黑暗了。

那么，人生究竟意味着什么？进步又是什么？在探寻这些答案的过程当中，我将论及一些前人着墨甚多的问题，因为这些问题至少早在2 500年前，就已经被许多哲学家提出来辩论了。正如其中一位哲学家让-保罗·萨特（Jean-Paul Sartre）所指出的，我们仍必须把这些事情理出一个头绪来。

我们的组织正在发生一些奇怪的事情。一方面，大部分人所在的企业变得越来越小，甚至不再具有组织该有的作用；另一方面，某些规模越来越庞大的企业，简直变得富可敌国。这一方面表示组织只是有效率地对自己和与自己相关的人负责；另一方面则表示组织不再像过去一样对跟自己一起工作，而非“为”其工作的人负有相同的责任，因为其中许多人根本不属于这个组织。“财产是财富与权力之基础”的老想法，如今已经不再适用了。过去的组织认为，它们拥有的东西就是“我们”；而今身为个人的“我们”，再也不是任何人的财产。随着一切传统结构的消失，“我们”都不得不为自己负责，而且这种负责比过去更为彻底。因为，我们被宣判“获得自由了”。

组织与个人都必须先决定其自身是什么，然后才能决定应该怎么去做。组织（尤其是企业）与个人，都需要一种专属于这个时代的哲学。

值得感谢的是，“个人”不再是所谓“人力资源”的模糊字眼，而是一个个鲜活的人，且各有各的生活。但我们实在已经无法毫不顾及他人，而自由自在地生活；也无法离群索居，完全与他人隔离。因为，越是专注于自己最拿手的事，就越需要他人的协助，自给自足是无益的梦想。即使是从事农耕的庄稼人，也需要他人制造的卡车来装载田里生产的农作物，再行驶于他人维修的道路上，才能将货物运至市场出售。

适当的自私

自己与他人、个人（或个别组织）与社区的接触，可能是我们这个时代所面临的最复杂的一个问题。在英国人的世界里，个人是考虑一切问题的出发点，然而在德国、日本与中国，传统上都是集体优先。不过在现代社会里，个人与社区最后都得接触，都必须在自由与承诺之间取得妥协。身为爱尔兰人的我当然也无法离群索居，但我的生命乃是从我开始。我称之为“适当的自私”（Proper Selfishness），也是一种对自我进行的追寻；矛盾的是，追寻自我最好的方式，往往竟是通过与他人的纠缠。**若想做到适当的自私，就得为自我找到一个超越小我的存在意义，最后才可能承担起尽可能发挥自我的责任。这是享乐主义的一大悖论，换句话说，唯有在抛弃小我的时候，才能最大程度地满足自我。**

本书的主题是，我们心里都希望找到一个比自己更大的目标，因为这么一来，我们才可能将自己提升至一个梦想不到的境界。倘若有这种适当的自私的话，我们的社会或许会演变成比较好的模式。

“适当的自私”是一种乐观的哲学，因为它相信人终究是正直而可敬的。每个人心中都有善恶之念，因此人类社会企图控制恶念是合理的。不过人生在很大程度上是一个自我实现的预言。如果你把人设想成最坏的，并按照这种设想行事，那么到头来他们往往会证明你是对的。如果我们设计制度的原则是基于人是不能信任的话，那么那些人也不必费事博取信任了。反过来，如果你相信大部分人都能够信赖别人,也值得被信赖的话,他们也常常如你所愿。乐观的人总是遭遇失望，但人生若没有希望，可就太黯淡了。

A CREAKING CAPITALISM

第一部分

人类社会的隐忧

导读

在这一部分中，我想探讨人类社会的一些令人困惑的问题与忧虑。我们的社会并不如预期中的运作顺畅，大众也没有享受到什么好处。“市场”、“竞争”与“效率”这些东西本身虽然不错，但却衍生出令人始料未及的副作用。

第 1 章

Chapter One

市场并非万能

The Limits of Markets

在非洲，人们把需求分为两种：低层次的和高层次的。低层次的需求，是指渴望获取维系生命所需的东西：必需的商品和服务，以及购买这些东西所需的金钱，这些是我们每个人都需要的。而高层次的需求，则是追寻一个问题的答案："生命的意义是什么？"

我们一直自以为是地假定，最能满足高层次需求的方式乃是先满足低层次需求。我们认为，只要用较好的面包，再搭配一点蛋糕，就会使大家心满意足，因为这是政府和企业恰好都可以履行的契约。这是一种非常简单的想法。这种想法最后的结果是，正如卡尔·马克思所警告的，金钱将会成为衡量一切事物的尺度，而市场则受制于金钱。商品越有竞争力，人们就越能拥有高品质的东西，价钱也会更合理，我们都将变得更富有；而我们越是富有，也应该越满足才是。我们可以用英镑、马克或美元的多寡，来衡量我们的人生，并且相互攀比。

信、望、“钱”

在乔治·奥威尔（George Orwell）描述伦敦贫穷景况的小说《让叶兰继续飞扬》（*Keep the Aspidistra Flying*）中，主人公戈登·康斯托克喜欢引述人们在婚礼中读的《圣经》中的一段，但为了更有时代感，而以“钱”代替了“爱”：

> 我若能说万人的方言及天使的话语，却没有钱，我就成了鸣的锣、响的钹一般。我若有先知讲道之能，也明白世间奥秘、博古通今、万人信任，叫我能够移山，却没有钱，我就算不得什么……如今常存的有信、有望、有钱，在这三样中，最大的是有钱。

经过两个世纪之后，其间包括第一次世界大战与半个多世纪来空前的经济发展，“康斯托克”们可能仍然想做同样改词儿的事。金钱不仅满足我们的物质需要，往往也被用来衡量我们是否成功。亚当·斯密倒颇同意此种看法，他那一套安定人心的理论是说，追求个人的利益无可厚非，因为一般大众必然也将得到好处，而这一切都得感谢那只“看不见的手”。

这中间的确有好的一面。就物质层面而言，所有的人，包括最穷的人在内，都比我们祖父那一辈的状况好了很多。金钱滋生创意，也带来选择，以及某种程度的自由。今天，任何具有一定头脑与进取心的人都能赚钱。奥威尔笔下的英雄（或可说是受害者）康斯托克，决定在原则上弃绝金钱与物质主义，后来却发现人生堕落、可厌且郁闷。以他的经验来说，穷人似乎不可能得到庇佑。最后，康斯托克恢复了中产阶级的价值观，其象征即是摆在客厅里的一株叶兰。

诚然，金钱确实重要，但还不至于是最重要的。比如一个老师之所以决定当老师，并不是因为这份工作可以让他致富，但也不表示他乐意为了微薄的薪水而工作，或是不认为要想挣得较多的报酬便应承担更多的责任。因此，无论金钱有多么必要，都不应该成为成功的标尺。

我教过的学生遍布各行各业，其中有商人、公务员、教师、护士与义工，他们都兴致勃勃地想学习一些极为时髦的管理理论。我安排他们在几个截然不同的组织里待上几天后，那些商人们总是觉得不可思议："他们的动机比我们公司任何员工都要来得强烈，可是他们的薪水却少得可怜。"

我猜想，大多数人都知道在这世上的确有某些东西比金钱更重要，正如亚里士多德所说：

> 财富显然并不是我们想要追求的美好事物，它只不过是我们取得那些事物的工具而已。因此，大家更加坚信已经提到的目标（享乐、美德与荣誉）是良善的，因为人们对这些美好事物的向往完全是出自其本身的意愿。

我们都可以对亚里士多德的想法点头称赞，虽然他有个令人讨厌的习惯，总是将事实罗列出来，但我们所生活的世界，多半是用钱来说话的。如今一切都有个“底线”，连学校与公益组织也是一样。合乎预算是新的优先事项。没有金钱，谁都会觉得无能为力。大家都以为我们需要更多的钱，不管是用来花、用来存，还是给别人。金钱已经成为社会的共同特征，每个政府都表示，要把创造更多的财富作为首要的目标。

国民生产总值（GNP）成了国际排名中唯一重要的东西。倘若一个产品或是活动没有被标上价码，便不会被列入计算，结果“工具”变成了“目的”。到头来，金钱变成最重要的东西。然而，世界却弥漫着一种不安的感觉，因为我们所说的并不尽然是这个意思，但结果竟受限于自己的这一套说辞，受制于金钱的迷思。

高层次的需求或许不仅仅是低层次需求的延伸，而且是一种截然不同的东西。或许金钱是一种必需品，但并不是幸福的必要条件。假如你已经拥有足够的金钱，更多的钱将毫无用处。尽管居住在气候寒冷地方的人，需要足够的暖气才能正常生活，但是对于已经够暖和的人，即使有再多的中央供暖系统，也不见得会更加舒适。

这个消息可能令政府与经济学家感到颇为不安，因为它表示增长确实有其极限。不是物质或环境的极限，而是心理与哲学的极限，并且处理起来也更为棘手。当更多承诺、更便宜的面包已无法满足每个人的时候，你将如何取悦大众？除非大部分的人永远要求更多的面包，否则经济如何增长？更令人尴尬的是，人们已经逐渐了解到增长所带来的一些令人担心的副作用。

市场的局限

企业的成败取决于市场，这是黄金定律。市场发出的信号自动指出哪里有短缺、哪里有不必要的过剩情形；它可以激励发明、促进改善，但随之而来的还有奖励与处罚，许多企业的确在这个过程中倒闭。即使是大公司，也很少有能够生存40年，或是值得存活那么久的。不过，我们却不能允许学校、医院或福利组织因为没有效率而倒闭，因为附近很可能没有其他组织可以取代它们。学校与企业不同，前者无法毫无限度地扩张，要是学校无限扩张，再好的学校也会变得越来越糟。因此，若是为这样的机构创造市场，就会出现最优秀的人才得到较差的待遇，而较差的人才则得到更差待遇的现象，完全不符合当初的期望。

先不说机构了，想想个人吧。市场不欢迎成本大于收益的产品或服务。如果社会严格依照市场逻辑来运作，那么那些技术落后、无法借助工作来增加足够价值、进而支付生活花费的个人，将会惨遭抛弃。对于这些人来说，是应该把他们驱逐出境，还是判他们死刑？若以严格的市场逻辑来看，就不应该冒险接纳一些很可能患有不治之症的人。照此说来，是不是应该拒绝治疗艾滋病患者，或是让年迈者排在队伍的最后？若是没有硬性规定，公交车与火车不会经过偏远的地方，或者即使在那儿设有车站，也可能因为票价贵到没人能负担得起而“只好”撤站。我们若是考虑人道成本的话，市场就不再管用。

这倒不是要否定“市场”扮演的关键角色。城镇中心市场（town center marketplace）具体延伸出的主要经济概念，正是文明史上果实最丰硕的发展之一。不过，我们也不应该盲目信任市场。市场确有其局限和意想不到的后果，但它毕竟只是一个机制，而非一种哲学。显然市场规律无法放诸四海而皆准，特别是在其结果无法定出价格或是无法界定清楚时，更不管用，在其供给有限或是定量配给的时候也是如此。

比方说，我们就不太清楚应该如何衡量一所监狱的成效，部分原因是我们仍然无法确定，监狱的目的究竟是为了惩罚或隔离犯人，还是为了促使他们改过自新？除非确定我们的目的究竟是什么，否则根本无法衡量其结果。我们期望的结果若是没有清楚的定义，任何对监狱管理成效的衡量，都不得不集中于一种可以测量的东西：投入的成本。不过，成本的竞争并不一定能够保证最佳的成效。同样的论点也适用于大多数的公共服务机构。成效若是无法衡量，竞争就必须集中在投入的成本上，但请注意，最廉价的医院或学校，并不见得是最好的。

一种有限却让人垂涎的商品，可以创造出所有供应者殷殷期盼、消费者却深深恐惧的垄断情况。然而，有些垄断却是无法避免的，这通常是由于要重新建设该种设施（如输油管、电源线，或是另一家医院）将会造成不必要的浪费，而且花费十分巨大。获取额外资源的成本，将会超过因竞争而可能带来的任何利益。在这种情况之下，需要一个监管机构介入，为的是确保这个设施可以让所有希望享用它的人，都能随时以合理的价格加以利用。若是完全交由市场去运作，该监管机构将会失去效用。但监管者也并非全知全能，他们本身也是一大垄断力量，并不总是公平合理。

问题在于，难以决定什么地方可以容许市场运作，什么地方却会造成伤害而要避免市场运作。此时需要的是理智，而不是盲目信任市场。下面列出5项关于市场的困境：

无效的人为市场

市场之美，即在于它把价格与成本相关联，但是它只有在消费者明了产品或服务的价格，同时有多种选择的时候才管用。我们如果把公共组织投进市场，必将创造出垄断企业，直到其他竞争者兴起为止。对消费者而言，政府的监管机构不论多么有决心或是多么明智，都还是有别于市场所提供的自由选择。

如果处于另一个极端，为消费者免费提供服务呢？英国虽有国家健康体系（National Health Service），却鼓励医生与医院在人为的内部市场里竞争，以官僚体系代替消费者的选择。任何对内部机制的兴趣大于对消费者的兴趣的企业，终究都难免品质欠佳。**市场是个伟大的机制，但它之所以有效，是因为它提供给消费者不同价格与不同选择。除去其中任何一项要素，最后你所服务的都将是一批官僚，而非广大的消费者。**

可能降低的市场水平

市场不断在迎合消费者，不过，有时候尽管价钱相同，消费者却并不总是能得到最好的商品。

英国的电视业竞争日趋激烈之后，频道数目从原来的5个剧增为230个，结果是水平降低，因为那只是有更多的同业者争食同样大的广告大饼。

英国的大学学位分为一级、二级和三级，各所大学间的默契是以相互检查的制度维持一个共同的水平。但是为了吸引更多更优秀的学生，许多学校往往抗拒不了诱惑，于是沿用不太严格的标准，颁发更多的一级学位。

1967年，英国只有两种商业课程为攻读工商管理硕士学位的学生开设。30年之后，课程的种类变为120种。显然品质良莠不齐，但文凭却是一样的。这里有两种市场：直接市场（immediate market），也就是学生，希望课程越短越好，但学位必须是货真价实的；最终市场（ultimate market），也就是企业，并不总是像学生所希望的那么识货。学校于是受到了另一种诱惑，把课程压缩成更吸引潜在学生的形式。但愿这样做不会坏了企业的胃口。

市场走向全球化

对特定产品而言，今天的市场已呈国际化，甚至是全球化。市场那只“看不见的手”可以“为全民谋福利”的想法，也势必以全球为基础而重新诠释。市场可能会更有效率，企业也因此更有利润。例如，你的飞机票印刷改在印度而不在伦敦，或是你的汽车组装不在斯图加特而在捷克，受惠最多的可能是印度或布拉格的工人，也可能是纽约的股东，伦敦或斯图加特的人仅仅可能间接从利润的税收上得到些许好处。

在亚当·斯密那简单得多的世界里，惨遭失败的人仍然可以分享一些社区所得到的好处，也至少可以正视甚至认识那些强迫他们做此牺牲的人。最终这一切很可能是个双赢的竞赛，但还得看你认为竞赛的场地有多大。“世界”这个场地可能真的大到人们难以理解的地步。它要求我们以多数人的福祉为原则，必要的时候要牺牲个人的利益。全球市场似乎是个残酷的地方，保护手段也只有短期的功效。

赢家通吃

市场将会驱使一切事物走向同一标准。最后所有的东西不是最好，就是最便宜。不过实际的情况却是，有些产品（电脑软件、电影、法律服务、运动明星）的市场因为全球化，而“赢家通吃”。

罗伯特·弗兰克（Robert Frank）与菲利普·库克（Philip Cook）合著的《赢家通吃的社会》（*The Winner Take All Society*）一书指出，顶尖的专业人士，无论是网球明星、律师还是作家，所赚得的薪水往往数倍于同一领域中的其他人，因为其他人不是没那么优秀，就是没好好推销自己。无论是个人还是企业，仿佛市场越大，真正成功的高手得到的报酬也会越丰厚。

如今商业会议已成为国际化的活动。不管会议地点是在卡塔尔、悉尼还是凤凰城，会议主办者都希望能邀请到最顶尖的人物来担任演讲嘉宾。他们认为，如果缺少了这些大名鼎鼎的角色，会议就不具有国际性，因而无法吸引到他们想要的听众。这些大牌可以自由开价，不过，演讲的内容与风格不一定比没有名的专家更好。

这么一来，会议活动的营销就变得和内容同样重要，但是无论用什么方法，营销都是很花钱的。初来乍到的从业者很难打入这个圈子。办活动的成本渐渐提高，因此价钱也会上涨。从理论上来说，价格较高的活动若是降价，将会激励新人来参加，但是这个市场在乎名望多于在乎实质，而名望又必须仰仗高价来支撑门面，优惠价反而使人怀疑。其结果似乎就是形成一个既不真实又不公平的市场。

商业会议服务或许有一天会把价格定得高到自己都无法生存的地步，其他的一些行业也存在这样的危险。你会在生活或自由面临威胁时，散尽所有家当聘请最好的律师吗？但你如何判断哪个律师是最好的呢？价格就成了一个绝好的指标。旧有的衡量标准（也就是价格与品质的关联性）于是土崩瓦解。即使只能多得10%而要付出3倍的价钱，只要能负担得起，我们也心甘情愿地选择较昂贵的律师，因为我们就是要那多出来的10%，无论花多大代价都不在乎。

市场不应该让少数人赚得盆满钵满，而其他人却食不果腹，就算消费者愿意付出高昂的代价，也不应该出现这种情况。

不可忽视的免费商品

任何东西只要没有价码，市场都会视而不见。自然生态环境是最明显的例子。空气是免费的，所以我们利用它、污染它，而且多半的污染者不必受罚。不属于任何人的东西就没有价码，因而无法纳入计算。答案显然是我们应该为这些东西标价，使用者或滥用者都应付税；不过，这件事实行起来却颇为困难。

有些东西不是免费的，但我们在使用时并未按次付费，于是乎跟免费的差不多。公路就是一个例子。英国所有的公路都让人免费使用，除了几个收费的桥梁例外。公路的经费当然是来自于各种车辆税与燃料税，不过使用的时候并不直接付费，我们不知道这条路每走一趟要花国家或自己多少钱。如果是坐火车旅行，每多走1英里，就会直接反映在票价上，因此感觉上会比开车走同样远的路来得昂贵。不过若把所有因素列入考虑，其实使用公路是比较贵的。一般人无法比较两者的价钱，因此市场起不了作用。倘若有更多的人知道使用公路真正的花费，或许就不那么想开车了。

家中或是社区里的无偿工作是另一种免费商品，也是被市场忽视的一个明显例子。由于家务事得不到财务上的报酬，禁不住诱惑的父母很可能把专长运用于有偿工作上，而雇用别人去做他们本来应该做的无偿工作。这些父母在有偿工作中可能获得较多的满足感，但我认为，如果能够找到一个方法给承担家务事的父母支付酬劳，或许他们会愿意多奉献一点时间给家庭。

说真的，我自己并不愿意因身为父母而领取薪水。因为这么一来，我花在孩子身上的时间与爱，就变得毫无意义。我同样也不希望我为一些非营利组织付出的时间得到报酬。付出往往比赚钱更令人愉快。反过来看，如果你活在市场里，你就不得不依据市场的准则而活。不计酬的东西没有价钱（如照顾自己的孩子），就是没有价值的。因此我们发现，多数的志愿工作都是由有工作的人来做的。

我们不能把所有的工作都放进市场。即使我希望领一份为人父母的薪水，可谁会付给我呢？我们所能做的，就是更公开地承认“无偿工作”对社会是一项极重要的贡献。既然GDP代表的是国内生产总值，照理说我们应该把无偿工作的薪水估计值列入GDP统计，因为市场价格不是唯一列入GDP计算的数字。若是忽略了无偿工作的部分，市场就很可能扭曲我们的价值观。

竞争的难处

如果你独自生活在一个沙漠或孤岛上，你就不需要钱，也不需要市场，更不会想念它们。但你可能因为找不到人和自己比较而难以过活，这就是竞争存在的必要性。它提供了比较的基准，如此我们才知道“聪明”“值得信赖”“做一手好菜”或“跑得快”是什么意思。如果你谁也不认识，那就难以知道这些事情的意义，因此竞争是任何体制的根本，不过倒不一定需要以金钱来加以衡量。竞争自会设定标准。

竞争产生能量，回报赢家，惩罚输家，因此它是经济的“燃料”。美国前总统比尔·克林顿在1992年承诺，竞争性的经济将会带来“好薪水的好工作”。从此以后，美国企业的竞争力剧增，出口迅速提升，利润暴增。美国再一次成为全世界最具竞争力的庞大经济实体，夺回过去拱手让给日本的地位。美国也创造了许多新的工作机会，数量超过整个欧洲的总和。不幸的是，无论怎么定义，新工作中只有一半可以称之为“好”。竞争表示美国变得越来越有钱，但却是富者更富、贫者更贫，生产力提高不见得对每个人都好。

欧洲并没有像美国一样积极追求竞争力，因此也未能创造工作机会。1975年还存在于欧洲的工作，如今每100个中只剩下96个。美国则是从1975年的100个，增加到今天的156个。从另一方面来看，美国最穷的10%与最富的10%的人之间的差距是欧洲的两倍；可以这么说，今天美国最穷的10%的人，只赚到欧洲经济强国中最穷的人一半的钱。看来兼顾两头是很难的。

更严重的是，竞争的果实（经济增长与财富）非但并不明显，也未必带来满足。日本人与美国人走路比别人都快，走得最慢的是印度尼西亚人。经济快速增长的国家自杀率较高，走在路上也较容易生气。我记得我第一位经济学老师来自中欧，目前在美国工作，也是一位诺贝尔奖得主，他就曾经向往地说，自己向来喜欢住在一个经济衰退的国家，因为这样吃午餐的时间就长得多了，艺术演出与剧院表演也比较优秀。问题是这样的国家实在没有让他发挥专才的市场。

我们把自己怎么了

一个星期天的早上，在一家大企业担任高级经理的55岁的迈克，正与他的妻子和女儿吃早餐。“你妈妈告诉我，”他说着转向23岁的女儿，“你一直在蜡烛两头烧——白天工作，晚上玩。到时你可有的受了。”他柔声责备着她。

“你呢，爸爸？”女儿反问，“我们最近也常常见不到你，你又什么时候才会放慢脚步呢？”

“干我这一行啊，”迈克说，“就好像骑自行车，如果不继续踩踏板，就会跌下来！”迈克叹了口气又说：“我打算60岁退休，到时我们就可以做些你妈和我一直梦想要一起去做的事。现在等我把书桌清理好，我要去打一场网球！”

3小时之后，迈克家的电话铃响了，是医院打来的。迈克在网球场上突发严重的心脏病，还来不及送医院就去世了。他最后一次的体检并没有发现任何问题，只是疲劳，胆固醇高了一点罢了。他的妻子很确定的是，那天早上让他丢掉性命的，正是他的工作。

我们到底把自己怎么了？请想想这些数字：

- 42%的工作者觉得一天结束时已被“掏空”。
- 69%的人希望过更放松的生活。
- 今天的父母比30年前少花40%的时间陪伴子女。
- 过去20年来，每个人的消费增加了45%，但是经过社会健康指数（Index of Social Health）测量，生活品质则是降低了51%。
- 现今只有21%的年轻人认为他们获得美好生活的机会

很大，而20年前却高达41%。

英国人已经工作较长的时间，效果却不见得优于欧洲其他国家。36%的非体力劳动者每周工作竟超过48小时，实在令人惊讶，而且这些加班者几乎都是经理人或是专业人士。这些人拼命加班都是出于自愿，所以欧洲其他国家禁止员工每周工作超过48小时的规定，并不适用于他们。

英国人也和美国人一样,并非全都那么乐在工作。管理学会（Institute of Management）在一项针对经理人所做的调查中指出，有77%的经理人觉得工作紧张，77%的经理人担心工作对家庭的影响，74%的经理人担心他们与伴侣的关系受到工作的影响。英国人每年因为工作紧张导致生病而耗掉4 000万个工作日，以及70亿英镑的医疗费用。在美国，麻省理工学院所做的一项研究则计算出，工作所造成的抑郁在一年中耗损了美国470亿美元，跟治疗心脏病的花费差不多。

企业达尔文主义

我们为什么还要这样工作下去呢？不可能是为了促进国家竞争力的提升。是否有些人真的觉得工作比生活中其他部分来得有趣？或许迈克的想法是对的，只要你一放松下来，或是一旦失手，你就永远输了？换句话说，我们是否用“终身职业保障”这个过于舒适的靠垫，交换了一种企业市场哲学？在这个市场里，难道你的价值不过是像某个商品，只有最优秀的可以兴盛繁荣，次品都将遭到退货？

我们是否可能在不知不觉中，决定了这个让最优秀的人得到成长，而必须忽略掉其他人的市场法则——创造性破坏呢？竞争一路延伸至各个社会组织与教育机构，一种“企业达尔文主义”于是应运而生，适者生存，其他人死光光也在所不惜，不但组织中如此，整个社会亦然。

如果情形真是这样，后果就值得忧心。我们暂且撇下如影随形的压力不谈（虽然也有人认为只要别紧张过度，压力往往会激发出我们最优秀的一面），公司内部的竞争哲学除了会激励人们效忠于所属的公司之外，头一个就先考虑自己的利益。一时之间，他们醉心于个人的表现，极力争取肯定，不过长久来看，竞争将粉碎个人对组织的忠诚，导致不同部门、国家与文化之间的合作变得越发不可能。

更叫人难以察觉的是，人们将失去对时间的客观感知，因为他们越来越专注于眼前的工作，不再接触外面的世界，不关心焦点以外的市场，也不知道一般人在想些什么，或是有什么感觉。感觉迟钝对企业与人际关系来说都不是好事。一群朋友以“愚笨、顽固又乏味”的形容词，来批评他们公司里步步高升的一名同事，这虽然可能是出于嫉妒，但更可能预示着他在工作上以及工作之外即将遭遇的困难，因为有谁愿意跟一个乏味、愚笨又顽固的人在一起生活或是工作呢？

亚当·斯密的警告

这一切又使人回想起亚当·斯密，是他创造出了革命性的劳动分工理论。亚当·斯密说，劳动分工驱动了经济的繁荣，但也导致许多人“不仅无法加入任何理性的交谈，而且也难以产生任何雍容大度、高贵或温柔的品质，因此就连对私人生活中许多最普通的责任，也无法形成任何公正的判断。至于对大规模且影响深远的国家利益，更是完全没有能力加以论断”。

然而，当时甚至现在，我们却把国家的未来交付到这样的人手里，因为他们通常是最成功的人。

这些困境正是竞争的直接结果。如果我们希望生活在一个可靠的社会里，就必须找到一个面对这些问题的方法。我们都需要面包，也需要分到适当的分量。可是光有面包不成，我们还需要别的东西。我们是否可能两者兼得，或者面包会妨碍梦想的实现？我们才刚以为自己终于了解了如何掌控经济，人们似乎就要得更多，而且要的东西也不一样了。

第2章

Chapter Two

效率与效力

When Efficiency is Ineffective

我们常常争论金钱和市场是否那么重要，但是我敢说，没有人会对市场经济主要的结果之一——有效率的社会，表示异议。或许在为我们这个世界寻找目标之际，我们很可能做得毫无效率。忘了钱归谁这个问题吧！事情顺利的时候，谋的是大家的福利。

效率不等同于效力

效率以及效率带来的结果，是竞争与市场最显而易见的成果。更多的产品、更好的服务、较低的价格与更高的可靠性，使我们生活得更轻松也更好。大多数时候确实如此。然而真正的问题是，我们太过于追求效率，反而让事情走了样。除非我们能看清效率的真面目，否则就会发现自己专注于效率，竟把企业原来的目的忘了。**效率**

(efficiency)与效力(effectiveness)不见得总是意义相同。

电子邮件与语音邮件是商业活动中的好帮手，让人们在人际沟通上非常有效率。效率之高使得一家大咨询集团的负责人有一回终于忍不住抱怨说，现在她的手下花太多时间在阅读与回复邮件上，根本就停止了思考，这样做是有效率，但是否有效力就不确定了。

电影票可以预订，选择我要的日期、时间、价钱与地点，只消说出我的电话号码与信用卡相关细节，然后敲敲电话机上的按键，再由电脑语音向我确定一遍。等到那天晚上我到了电影院，再把我的卡放进一台机器里，看着我的票跳出来，一切就此搞定，不需要麻烦任何一个人。真是有效率！可是我花了好大工夫才输完所有的号码，而且那是一通长途电话。对戏院来说是有效率，对我来说却不怎么有效力。

话虽如此，按照程序做完之后，我的确拿到了我要的东西。我曾经多次打电话给医院与公司，听到电话另一头的声音叫我按这按那，没有人回答我的询问，甚至连一个真人的声音也听不到。我想象，有一天我们将不用看医生，只需要跟一台外科手术电脑互动就成了。一个失业的年轻人若能减少造访福利机构领取失业救济金的次数，或许会比较有效率，不过除去了人与人的接触，也减少了让他们振作起来的动力。如果我们容许这些互动少一点效率，将会更有效力。

在一定的时间内，市场或杰出的管理应该会修正这类瑕疵，但如果全世界都这样做，消费者便失去了选择的余地，也因此不会再发出抗议的声音。这些瑕疵不过是效率社会的芒刺罢了，谁叫我们活在一个软件与电话较为廉价的世界里？再说它们也比人可靠，又不麻烦。

然而，我们对效率的情有独钟，恐怕还会产生更严重的后果。

效率的三种类型

效率并不总是如我们想的那样。经济学作家罗伯特·库特纳（Robert Kuttner）在《一切待售：市场的好处和限度》（*Everything for Sale：the Virtues and Limits of Markets*）一书中，指出效率有三种不同的类型。他以三位观点悬殊但却同样影响深远的经济学家之名，分别替效率类型命名为斯密型、凯恩斯型与熊彼特型。我们多数时候所谈的效率，其实是在讨论如何以价格确保我们可以用合适的成本、在合适的地方、制造出合适的产品。这是属于亚当·斯密的效率，也是我们大家都熟悉的效率。

但除此之外还有凯恩斯型效率，它指的是在市场未充分就业时，潜在的产出将会减少。在这个节骨眼上，再多的斯密型效率也没用，甚至可能还有害，因为它为了增加局部的效率，反而逼得更多人失业。第二次世界大战期间，美国违反了斯密型效率，企业虽得以赚取一些不正当的利润，但也因此在4年之内让美国国内生产总值增长了50%，吃掉了以后20年应有的增长率。经济学家想让这两种效率成为相互抗衡的理论，然而当时真正需要的，其实是一个容许两者共存的概念架构。

再把熊彼特加进来，情况就更复杂了。约瑟夫·熊彼特（Joseph Schumpeter）总是宣称科技是成长的引擎，但他也指出，若要投资于科技，就必须有备用的资源与长远的眼光。太多斯密型效率，只会使得前景越来越窄，股东也多半希望早点拿到钱，剩下的钱往往不够企业进行任何科技发展。完美的竞争也可能互相毁灭，因为大家都在互相较劲，都想让自己的产品更符合成本效益，也更便宜。若要在市场中保持领先，你需要有很深的口袋。

如果我们考虑一下创新，大家就看得出熊彼特型效率起了作用。创新需要些许杂乱，一切太过干净利落，就没有了实验的空间。成本控制得滴水不漏，就没有可用的现金去尝试新事物或新方法。日子排满了要做的事，便很难找到思考的时间。我们都需要一点点空闲，才可能有实验的余地。熊彼特若是听到一位经理抱怨说他手下的人都没时间思考，相信也会对他非常理解。

德国的小企业以抗拒价格竞争而闻名，它们偏好维持高价，然后将利润投资在维持科技的领导地位上。日本在外销方面实行的是价格竞争，但在其国内市场却实施非价格竞争。因此，市场成功的决定因素并非只有"富有竞争力的价格"这一项。价格太低反而可能会导致在未来丧失竞争力。第一位赢得诺贝尔经济学奖的历史学家道格拉斯·诺斯（Douglass North）在领奖致辞中提到，他认为适应性的（adaptive）而非分配式的（allocative）效率才是长期成长的关键。适应性的效率即是熊彼特型效率。熊彼特在持久战中打败了斯密。品质可能比价格来得重要，但追求品质在一开始的时候会花费比较多的资金。

找出三种效率之间明智的平衡，不仅是管理者，也是政府的一项重要工作。政府可以借助税收、专利权立法来改变这个平衡。如果我们单单死守着分配式效率（也就是亚当·斯密的多样性），虽然偏好低价，但也很可能因此摆脱不掉低增长与高失业率，最后不得不以高价购买我们自己无法制造的东西。如果这种效率的成本不会大过利益，市场就需要新的机制来补偿。

我们以劳动力市场为例。斯密型效率若是不受干扰，便会尽量压低薪水与工人的数量，变得更不平等。更糟的是，这种效率的竞争使得人们没有多余的资源在培训与再教育方面进行投资。这样我们就只能任由能力不足的人，去招募更多能力不足的人。倘若我们不希望基层人员一直流失，就需要某种形式的缓冲，不管是最低工资保障、学习机会、较强势的工会还是法律规定的培训经费，正如一个古老的比喻："刹车可以让车子跑得更快。"

并不是说某一类型的效率优于其他效率，而是这三种效率相互关联。我们若想提高需求，首先就需要让更多的人有工作，才可能刺激需求，虽然这么做违反了斯密型效率。为了避免这种做法让成本增加，你要不就必须在产业周边筑起保护的高墙，使它们免于外国竞争者的威胁；要不就只能在公共部门等非竞争性的领域这么做。要想刺激从业者投资于新科技，或许需要采取对大额股息进行征税或禁止发放的措施。库特纳的分析提醒了我们，这样的建议并不尽然是一种异端邪说。

无心的代价

日本制造商开发出"准时制"（just-in-time）的时候，还颇为仓库成本的降低而得意，因为这样等于把货物存放在运送的货车上。但那些货车不久便拥堵在各城市周边的高速公路上，造成普通市民生活的不便，如此一来就需要更多更好的道路，而这些费用则是由市民来支付。制造商把他们进步的成本，一股脑地分摊到社会大众头上。

医院固然可以通过让病人提早出院来提高效率，但是他们回家后，仍然需要有人来照顾；企业大可延长员工的工作时间，并且让他们更卖力地工作，结果工作效率是增加了，但在公司以外，却滋生了数不清的压力与人际关系受损的问题；学校可以只选择聪明的孩子来教以提升教学成效，但总得有人去教育别的孩子，或是处理没受教育的边缘人所引发的后果。任何企业都可以借助削减各项发展经费与裁员的方式来提高企业的短期利润，但却没有人考虑那些受到影响的人究竟付出了多少成本。

理论上说，所有的成本都可以回过头来对始作俑者收费。污染正如人的压力与失业一样，可以记在公司的账上；我们可以要求医院支付社区与家中的医疗保障开支，也可以要求学校为它拒收的学生做些教育方面的贡献。虽然这些事情并没有实现过。效率的估算往往只限于一种特定的经济学单位，它是片面的，却让社会整体为其无心的结果付出代价。

有些人会说，这是经济增长的必然代价。然而人们却没有权衡因提高效率而付出多少成本与得到多少利益。在成本确实造成伤害之前，“效率”这块令牌仍然在社会各个层面上畅通无阻，从不顾及对他人的影响。我希望个人适当的自私终究可以造就整体的利益，但这一路走来却颠簸难行。正如亚当·斯密很早以前就指出的，自私必须和他所谓的“同情心”取得平衡，其他人才可能接受。不幸的是，同情心绝对上不了效率的台面。

偏向一方的社会

约翰·肯尼迪以为只要水涨一次，所有的船都会为之升高，结果证明这个假定是错的。即使所有的船都移动了一点，但有些船就是要比别的船蹿得更高一些。一味地追求效率，将导致社会偏向少数，偏离了社会大众。在这个信息时代，我们可能变得更有钱，但组织规模并不一定变得更大，意思是说，国家即使变得更富有，工作机会也不见得会增多。其实一个社会若要保持每年3%的经济增长，或许就必须提高5%的效率，才可能在全球的竞争环境中保有竞争力。

这两个数字之间的差异，即是消失的工作。实际说来，一个国家为了要变得更富有，就必须让它的企业变小。缩小规模虽不可能产生什么立竿见影的效果，但是这种追求效率的驱动力，却很可能腐蚀掉当初因推动效率文化而设计的一切，因为利益既没有为社会大众均享，成本也未曾平均分摊。企业所熟悉的20/80公式（也就是说20%的产品往往产生80%的利润）似乎渐渐适用于市场社会：20%的人似乎已经产生，也得到了80%的额外财富。

一个颇具竞争力的企业很快就会抛掉80%利润较低的产品或消费者，如此才好集中精力在较高的20%上。虽然有些人很希望这样，不过人类社会却不能如法炮制，不能就此抛弃不太有生产力的人，但也不太知道该拿他们怎么办，只好让他们继续在困境里挣扎，或是提供给他们短短的“教育阶梯”，并且希望他们会开始往上爬。

若要忘了20/80的社会，情况或许会更糟。以下的数字是由戴维·科顿（David Korten）在他的《当企业掌管世界之时》（*When Corporations Rule the World*）一书中所列举的：

- 1989年，全美1%收入最高的人，每人平均赚559 795美元，这些人的所得超过占总人口40%的收入最低的人全部所得的总和。
- 1992年，全美收入最高的1 000名总裁的平均收入是一般工人薪水的157倍。
- 1993年，《福布斯》杂志列出400名富豪的财产净值高达3 280亿美元，相当于印度、孟加拉国、尼泊尔与斯里兰卡四国国民生产总值的总和。
- 全世界70%的贸易由500家企业掌管。

社会不会长期容忍位居顶层1%的人赚的钱比底层40%的人更多，这40%的人最后会奋起反抗。

英国的情况有些不同。1996年11月，一份星期日报刊登出一张图表，比较了几种职业与重要人物每周的收入。图表脚注说：“为了将所得最高收入者囊括进来，顶端的比例尺已经缩小，否则我们将需要多达1 400页的报纸。”

1996年，英国夸耀自己是欧盟主要经济体中增长最快速的国家，然而那一年大家也才得知，1993年竟有17.2%的英国家庭生活在贫困线之下，也就是说，他们的收入只有全国平均值的一半。17.2%的数字比10年前的14.3%要高，比中欧三小国（比利时、荷兰、卢森堡）高出5%，也高于欧洲4个最贫穷的国家（西班牙、葡萄牙、希腊与爱尔兰）之外的每一个国家。如果全国效率的提高是以更多人变得更穷为代价，它真的是值得我们追求的东西吗？

DIY式经济

不过即使有些偏颇，一个经济体提高了效率，仍然是有好处的。每年3%的增长率，即表示多了3%的钱可花。即使公司的工作机会可能减少，潜在的消费者却可能增加。按理说，可以卖给顾客的服务与产品是无限的，尽管从事销售的还是以个人或是小公司居多，瘦身后的大企业较少。如果我们想的是“顾客”，而不是“工作”，并且将自己轻轻推向一个自雇式（self employment）的社会，每个人都可能会有工作。有钱没闲者正是有闲没钱者的顾客，不管他们提供的是财务方面的建议还是遛狗，只要有值得利用之处就行了。

请看下面两个例子：

例子1：我认识一名护士。有一次我问她：“你从事哪一种护理工作？”

她立刻绽开笑脸：“我的专长是照顾双胞胎，我指导双胞胎的父母在孩子刚出生的几个月里如何好好照顾他们。”她还特别强调：“我不负责三胞胎，我只管双胞胎。”

“这个市场一定挺小的。”我想套套她的话。

“噢，不小。有许多夫妇是双职工，他们多半会把生儿育女的事延后到30岁或40岁出头，最后非得借助药物才能怀孕，所以往往生出多胞胎来，于是就需要帮忙。但他们有的是钱，也准备为我提供的服务付出高价。需求量实在太大了，所以我只接双胞胎的活儿。”

例子2：我一个朋友的儿子28岁，住在伦敦。两年前，他认识了一群来自澳洲与新西兰的年轻朋友。这些国家的年轻人通常会在教育即将结束之际来欧洲待上6个月左右，然后才回国定居。他们在伦敦找到工作，应缴的税也会从薪水中扣除。不过等回到澳洲或新西兰时，由于他们一年的收入难得超过税收门槛，因此有权要回大半已缴的税。但是，把税要回来的手续太过繁杂，所以这些年轻人回家后也疏于忙活这件事。我儿子的朋友愿意替他们要回那笔税款，条件是收取税款的30%作为佣金。他现在拥有一家生意兴隆的小小服务企业，卧室即是办公室，为顾客讨回税款，并且得到了退税部门的帮助与合作。

由此可见，你只需要拥有发现消费者与市场的眼光，再加上一技之长，不论是护理技能、电脑水平还是一颗乐于助人的心。服务业不需要太多资金就能起家。当初我女儿就是以一个寻呼机开始她的企业的，连个办公室也没有。

麻烦的是，那些新的自雇工作者与创业者，也是设备最不齐全的人。他们即使曾经有过工作，也都丢掉了。他们是被效率社会摒弃的人。他们的心态需要大幅改变，也应大量投资于教育与技能再培训方面，才可能创造出一种使效率有益于整个社会的自雇型经济。

因此，令人担忧的是，只有6%的美国人属于正式的自雇工作者，而这个数字只是英国人或日本人比例的一半。

大部分的美国人仍然断不了组织和社会的奶水，舍弃不了医疗保险与养老金计划的承诺，也不管这些承诺到头来有可能只是一场空。同情心必须扩大为支付额外的税，大家才可能断奶。

“珍道具”的世界

效率衍生增长，不过这种增长倒不一定如我们所愿平均分布于各个层面，我们必须思考的是，这些多出来的钱会花在什么上面。若将3%的增长率持续100年，我们便将会消费16倍于今天的东西。如果人口维持稳定或是减少（看来这应该很有可能），其结果就更让人不安了。我们不可能买下16倍于今天的汽车与电视机，我们每一个人旅行的次数不可能是今天的16倍，也不可能将目的地设在16倍于今天距离的地方，吃掉16倍于今天的食物，耗掉那么大量的汽油与天然气。将来想必会有形形色色新的产品与服务，但它们也将会是越来越多的“珍道具”（Chindogu）。

你可能会问“珍道具”是什么。它是个日本词汇，意思就是我们可能受不了诱惑去买一无用处的东西，例如眼镜上的小雨刷，以防出去的时候碰到下雨；拖鞋下面附了拖把，可以让你在屋子里走来走去的时候顺便拖地。我还有好多一辈子用不上的领带，都是珍道具。每年圣诞节我们都会收到许多用华丽纸张包装起来的东西，邮差也把更多颇富巧思的珍道具目录送到你家门口。到了2月14日情人节这一天，美国人通常会买3 000万盒的心型巧克力。

珍道具也可能充满异国风味。我有个朋友去拜访一个巴西人，发现他家里有6台电冰箱，其中5台没有插电。这位巴西人解释，这里通货膨胀最厉害的时候，钱贬值快得就像阳光下的雪人似的，因此只要手头有一点现金，他就出门把钱花掉。但他唯一找得到，也想要的东西就是电冰箱——就这样多了许多无用的电冰箱。这就是“上升的消费者需求”真正的意义吗？我们大家拼命工作，为的就是这个吗？

科技因珍道具而繁荣。现在有的洗衣机有12种程序，不过大半都从来没人用。我可以提前一个月就设置好录像机预录节目，但我从不觉得需要去试这项功能，虽然我买它正是因为看上了它提供了比别的品牌更多的功能。我也成了珍道具虫的猎物，为自己胡乱堆积了许多无用的东西。我儿子的新电脑有一些功能，是我两年前买的那台电脑所没有的。虽然理性告诉我，我并不需要那些多出来的功能，但我仍一心一意地想要一台和他一模一样的电脑。

我很不愿这么说，今天有太多的书都是无用的东西。每年单单英国就出版了超过10万种新书。我们假定每种书卖出的数量都足以维持出版商生存，或是让他们觉得还算满意，然而其中许多书根本就没有人读，只是给摆上书架罢了，枉费了树木遭砍伐又制作成书的过程。

为了配合这些没有人读的书与所有其他无用的东西，整个社会必须变成一种丢弃型经济，否则根本没有容纳这些东西的空间。搜集废物与回收成为炙手可热的行业，旧货店欣欣向荣，邮政服务递送更多目录与免费的服务。珍道具世界真是忙碌极了。

一个珍道具社会或许能呈现出不错的经济指数，但是它让人工作或生活的理由却不够好。如果"上升的消费者需求"指的是一个充满垃圾的世界，我们将很难了解自己为什么还想辛勤工作。正如亚当·斯密所说的："没有一个爱国者或是有感觉的人可以反对它（增长），但这种增长的本质没有方向，而且还会自动产生对世上所有无用之物无止境的需求。"他赞同的是以"陶冶修炼"作为社会的目标，不幸的是，他并没有提到把这个观念融入效率的方式。

人生的意义与满足

英国已故的经济学家弗雷德·赫希（Fred Hirsch）认为，经济增长终究会自我限制，因为越来越多的增长是来自于"树立地位的商品"，一些让我们与众不同的东西——比如视野广阔的第二栋别墅，限制严格的会员资格，或是罕见的古董。以定义来说，这些商品都是有限定的，因为倘若大家都拥有，它们就丧失了独特的价值。他或许低估了我们发明新时尚与沉迷于其中的能力，可是一个以羡慕别人为主要动力的社会，似乎并不值得戮力奋斗，而且许多人好像也不想过这样的生活。以效率为动力的经济增长可能并非永无止境，只是今天我们很难预见到这个止境在哪。从另一方面来看，如果我们希望社会运作良好，我们也不会选择无效率。

因此，我们不得不下一个结论，**效率或许是社会永续存在的必要条件，然而它和它所属的经济模式却无法带领我们找到渴望的答案——也就是生命的意义何在。**我们可能需要创造更多纯经济领域之外的活动，而这些活动的动机与效率无关，却较偏向于内心的满足与价值。在这种情况下，金钱与市场只是人们需要兼顾的次要因素。

至少有三位跟我年龄相当的朋友正开始学钢琴。这种乐器是出了名地难学，尤其是当你的指关节变得越来越僵硬的时候。三人都以灿烂的字眼描述自己奏出一段还算中规中矩的音乐时的那种满足感。买张CD当然有效率多了，听起来也更赏心悦目、悦耳动听，而且还可能省钱不少，但是对他们来说，意义却少了许多。换句话说，就是没有效力。

当然，对于许多英国人来说消磨时间的一切事物不外如是，也就是那些被我们贬为“嗜好”的事情。在我们度过许多欢乐时光的村子里，共有700名居民，他们组织了包括板球队、戏剧团、缝纫组，甚至教堂鸣钟队在内的兴趣团体。正如一本关于志愿组织的书中所说的，他们是因热诚而组织起来的。在这类团体当中，有的效率非常值得怀疑，不过重点并不在于此。有时候成员们对团体中的混乱简直得意极了。

这并不是什么新鲜或令人惊讶的事。许多人（甚至是大多数的人）总是觉得人生的意义与满足来自于市场之外的活动，跟效率毫无关系。可悲的是，我们私底下做的事并没有公开计算。我们需要想办法让它算数，因为只有这样我们才可能渐渐脱离为自己编造的神话——只有标了价码的事物才值得去做或是去拥有。我们知道这不是真的。人生值得称颂的应是那些真相。

西方崩溃

皮埃尔·蒂利耶（Pierre Thuillier）是法国哲学家与科学历史学家，他曾在一本名为《大内爆：1999—2002年西方崩溃的报告》（*The Great Implosion：a report on the collapse of the West*，1999-2002）的书中，想象一群历史学家、人道主义者与诗人（值得注意的是科学家与经济学者并不在内）于2081年提出一份报告，内容是关于在新千年之初隐藏于西方社会剧变之下的状况。这群书中人物提出了一个问题：当时的社会精英分子，为何竟没看出这种种明显的迹象？

令他们更惊讶的是，这些精英分子如何能够依然愉快地我行我素：

> ……尽管对“进步”的盲崇最奇怪的表现，莫过于过度崇尚技术管理，但那些所谓信息精英、组织精英中的偏执狂、经济制度与金融机构的肆意专行、对机械化与自动化着魔似的狂热研究、西方理性主义与科学研究的退步，乃是这种奇怪表现的主要部分。统治团体（工商业界与国家皆然）没有能力以合乎人性的方式管理他们要为之负责的企业。想象力、敏感度与温情的阙如，终于成为所有政党活动的特色。个人主义极度膨胀，“信息与沟通文化”所散发的诱惑力被各色社

会学者与媒体专家强力兜售，南北不平衡的情况日益加剧，
边缘人越来越多，更有引发向外或向内爆炸的危险。

故事中这群人困惑的是，人们对所发生的一切那么逆来顺受，虽说在物质利益受损的时候也会喃喃抱怨，但似乎却很能接受现代化所带来的精神匮乏。“尽管人们在操控物质方面投注了许多时间与努力，但似乎又无法面对攸关人类生命意义的根本问题。”结论是，念及这些人的背景，也没什么好惊讶的。西方崩溃的原因在于它已经没有文化，而且早已丧失了那种诗一般的感觉，原来，“一个真正的社会，必须能够开创理想的概念与神话，这么一来，个人的活力才能得到发挥，大家的灵魂也才能紧密连在一起”。

这本书于1996年出版，却受到法国新闻出版界的忽视，证明了作者所指的精英分子对这些根本漠不关心。《外交世界》杂志（*Le Monde Diplomatique*）倒是例外。该杂志曾在社论中评论法国越来越严重的悲观主义，有80%的法国人不再相信经济将会有所改善。

具有讽刺意味的是，法国的经济正在改善当中，但没有人觉得好过些，甚至没有人相信那些统计数字。法国情况如此，英国以及其他许多所谓的“效率社会”亦然。渐渐逼近的精彩大戏与无动于衷的寂静，真是一个怪异的组合。效率尽管好处良多，却不是唯一的答案。

第3章

Chapter Three

市场哲学的本质

The Baby in the Bathwater

市场与效率都有瑕疵。迄今，我们已经为市场与效率的好处做了种种虚饰。而这个平衡点有必要加以修正，因为无论我们对哪一边失去信心，到头来心灵贫乏都很可能会取代物质贫乏，而这也是今天许多人已经意识到的趋势。

创意工厂

我30多岁的时候在美国住过一阵子。当时我在麻省理工学院的斯隆管理学院念书，这所学校骄傲得不肯自称为大学。科技和商业向来是密不可分的。有天晚上，我和几个朋友共进晚餐时，大伙儿开始推测新科技可能提供哪些产品与服务，我们自己又会支持哪些。这是个有趣的游戏，以至于上床睡觉的时候，这些推测还不断在我脑中萦绕。

次日一大早，电话铃响的时候，我已经把前一天晚上闲聊的话题抛到了脑后。“我是杰克，”声音从电话的那头传来，“还记得昨天晚上你侃侃而谈的那些想法吗？”我略显吃力地回忆，终于想到他指的是什么。“是这样的，”杰克继续说道，“我已经打电话给一位投资者，我们可以从他那里拿到资金，你的意思如何——我们什么时候开始？”

恐怕我的思维是太过英国式了。前一天晚上的谈话不过是闲聊罢了，可是对我的美国朋友而言，却是个开创市场的机会；更不可思议的是，他居然能够筹措到一笔资金，把闲聊变成真正的可能。我们并没有开创这份事业，因为我的学业更重要，实在无法放弃。不过，我从这件事情中学到的东西，比我从大部分正式研究中学到的更多。我发现市场能使创意展翅飞翔。

梦想与实践

我们都有梦想，但能够付诸实施的人却是少之又少。从表面来看，人们是因为利润的考虑才作实用性的创意思考，然而实现梦想的机会至少也跟我们可能创造出来的利润一样重要。不过，有利润才有可用的资金，有可用的资金，闲聊才能转化为行动。在一个受到管制的世界里，几乎没有在工作上发挥创意的空间，诱因则更少了，因为哪里都找不到实现梦想的现金。于是乎，大家顶多工作时只做非做不可的事，闲暇时间再谈创意了。

世人总是把第二次世界大战之后德国的经济奇迹归功于当时的

经济部长与后来的总理路德维希·埃哈德（Ludwig Erhard），但正如尼尔·阿彻森（Neal Ascherson）所透露的，真正的功臣应该是当时负责英美两国占领区事务的两名经济官员：一位是美国人卡尔·博德（Karl Bode），另一位是后来以撰写《小即是美》（*Small is Beautiful*）一书闻名的作家舒马赫（E. F. Schumacher）。在占领军的势力之下，一开始一切都受到严格的控制、定量配给与国有化。当时有许多活动很混乱，但却没什么效果。后来，舒马赫说："博德有一天跑来找我，他说：'就让我们把管制的紧箍咒拿掉吧。'" 这两人说到做到，后来德国才爆发出源源不断的能量与创意。埃哈德掠其美名，他们也不以为忤。

美国加州的硅谷是主要的创意工厂。不同于其他地方的投资者以现在的资产为赌注，硅谷的投资者赌的却是未来的可能性。如果你有一个梦想，也有让梦想成真的创意，只要有一半的可行性，几乎可以确定能够找到某个人资助你。破产在硅谷并不是失败，而是一种成熟的迹象。他们说，人人都会犯错，但不该因此而不再梦想。金钱是一切创意与能量的唯一策动力吗？也许在某种程度上是如此，但在超出这个程度之外则必然是别的东西。"上周我把船和海边的公寓给卖了，"一位硅谷的企业家告诉我，"我发现去年我根本没机会去，因为生意太忙了。" 梦想要比梦想带来的金钱重要多了。

每个政府都想创建属于自己的硅谷，但只要它们试图计划与控制整个过程，就绝不可能成功。市场力量产生的是机会，金钱为的是资助梦想，这些是一切创意的先决条件。若没有市场，投资者便将失去诱因，也因此没有资金供企业家建构其梦想。

纵然市场有这一切的不完美，却仍是经济增长与发展的重要先决条件。更关键的是，市场也提供我们每个人表达自我的途径，因为我们都需要顾客的肯定，让人知道我们确实有所贡献，有人需要我们，或是我们得到了他人的感激与尊重。

市场哲学的本质

自研究经济学转向钻研哲学的凯恩斯，在1930年发表的《我们子孙的经济可能性》（Economic Possibilities for Our Grandchildren）一文中预见了一切。

> 我们都感染了一种新疾病，现在或许还有很多人没听过，不过在未来的几年他们就会耳熟能详了，那就是科技失业（technological unemployment），意思是我们发现精减人员的手段比找寻人员的新方法发展得更快，所以人们才会失业……这就表示我们若是展望未来便会发现，经济问题并非人类恒久不变的难题。

凯恩斯继续说道，一旦经济问题获得解决，人类的传统目标将被剥夺，也将面临真正的问题，也是经济学将会面对的问题——如何活得有智慧、活得惬意且圆满。当时他没有想到这一点会受到大家的欢迎。“我想没有一个国家或人民不期盼丰饶的时代。”不过到最后，“到了积聚财富不再具有社会重要性的时候，道德观将有重大改变……我们将可以评估出金钱动机的真正价值。”

一切都没有改变。我们可能在更优秀的管理理论中寻求解决之道，这类理论把人类的极限与潜力都考虑在内；或者产生一种新的经济观，不仅计算物质成本，也考究它的真正价值。但是，这两种改革也只有在一种情形之下才会发生，那就是我们都更了解自己希望从人生中得到些什么，而且是既为自己，也为别人着想。最后，我们需要的是一种对人生的新的认识，这种认识使我们认清金钱应有的价值，而非高估了它的价值。

要拯救这个人类世界唯有靠人心、人的反省力、人的顺从心与人的责任感，除此之外别无他法。若是人类无法下定决心找回自觉，一切皆不会改善，这个世界终将迈向无法避免的大灾难。

A LIFE OF OUR OWN

第二部分

追寻自己的人生

导读

效率与市场虽有其瑕疵，但也有其用处。它们既不是解决我们两难困境的完整答案，也非仅有的理由。它们提供我们生活所需的部分内容，而绝非是生活的目标。因此，我们需要的是一种哲学，而非经济制度。

在本书的第二部分，我要探讨为何以及如何追寻自己人生的目标。我建议，这个目标必须能让我们在有生之年，促使这个世界变得更好。在不得不自主塑造自己人生的情况之下，借助参考先例或主动精神，一点一滴地慢慢改变周围世界。但是，这个过程得从我们自己的生活开始。我们对他人的责任，乃是基于我们对自己的责任。这个起点看似十分以自我为中心，也仿佛非常自私，但自私也可能是“适当”的，也可能是为了他人的利益。

第 4 章

Chapter Four

承诺与责任

The Age of Personal Sovereignty

当年我拒绝了上级分派的职位，离开曾经供职的石油公司时，他们对我说:“抱歉，除此之外，没有别的职位。”如今回想起来，我很惊讶，自己当初竟然心甘情愿，又骄傲无比地把自己的人生交给这家公司。那家公司运营得很好，现在也仍然如此。然而这是我的人生，我的命运，我希望能为两者负起责任。我得说，并非公司里的每一个人都是这样想的。许多人喜欢全世界到处跑，他们搜集许多遥远地方的纪念品和奇闻逸事，并在退休时领取一笔可观的养老金。可是我很快就发现，这种东奔西走的日子也可能是冷冷清清的。

你不必为什么国际石油公司效命，照样会有人为你安排人生。许多企业、政府与各行各业的大公司也都想做同样的事。人们在初到一家企业时通常会做一个重大决定，希望自己的职业生涯就此大势已定，长长久久。

要靠你自己

近30年以来，真正的社会革命即是：过去，只要我们做了一个重大决定，接下来生活当中的大多数事情就已经为我们安排妥当了；而如今，我们却不得不为自己的命运负责。社会价值观的演进受到科技成功的推波助澜，避孕药与电脑的进步一样日新月异。在这个更具竞争性的世界里，不论我们乐不乐意，都不得不作许多改变，大家都想尽办法要松开组织与个人之间的束缚。不管这个约束是工作、婚姻还是社区，现在的契约似乎可以无止境地重新协商。对一些人而言，这无疑是令人兴奋的自由。我们可以编写自己人生的脚本，而不仅是扮演别人替我们写好的角色。然而对另一些人而言，却是朝不保夕的恐怖和不安。

在过去10年间，英美两国的国民做每份工作的平均持续时间几乎没有改变，一直保持在6年左右。因此我们也可以说一份“全职工作”即是连续6年的工作，而这又是颇不符合“终身职位”的一种解释。

英国在这一波新的趋势方面似乎领先于各国，不过因为这一趋势实在令人不安，所以很难说用“领先”两字是否正确。美国官方的统计数字显示，该国兼职与临时工作者比英国的要少得多（26%），自雇工作者则更少（6%），失业者也少（5%）。也就是说，37%的工作者置身于组织之外，比英国的51%少了许多。其他欧洲国家介于英美两国之间，但失业率都偏高，自雇工作者比率则偏低。每个国家的数字都在缓慢且无情地增加。

无论正确的数字到底如何，显然组织与员工之间的契约已然改变。现今流行的俏皮说法即是：只保证"就业能力"，不保证"就业"。这话的意思解释起来就是："别靠我们，要靠你自己。不过，如果可能的话，我们会助你一臂之力。"再没有任何人能死心塌地把自己的人生完全交给一个组织，即便有，也顶多是6年而已。6年之后，你又得靠自己了，不管是出于你还是组织的意思。你只能希望自己的确如当初保证的，练就了一身就业能力。其实我们这会儿都是为金钱工作的人，谁出的价钱最高，我们就为谁工作。

> 在这样的世界里，明智且审慎的做法是不做长期计划，也不投资于遥远的未来；绝不能被任何特定的地方、群体或理想绑死，即使是为了自己的形象也不必如此，因为我们可能会发现自己仍然载浮载沉，难以安定，而且根本无法安定下来；让今天的选择做指引才是睿智之举，别妄想什么要掌控未来，也别献身于任何虚无缥缈的东西。换句话说，"深谋远虑"指的就是现在，而且往往也就是避免"承诺"的意思。机会敲门的时候，一定要能自由来去；机会不再之时，也要能够抽身离开。

这些话不是我说的。它们出自于世界最杰出的哲学家之一，齐格蒙特·鲍曼（Zygmunt Bauman）的书《再度孤独》（*Alone Again*：

Ethics After Certainty）。这真是一本为我们这个时代而写的书。鲍曼为社会的私有化感到忧心——他担忧的倒不是把国家的每一项活动都变为商业（虽然这一部分也是他无法苟同的），而是他实在看不惯我们现在变得除了自己之外，越来越不属于任何人，也越来越不肯做任何承诺。即便家庭也可以是一种随意来去的关系，不合适的话，终止关系也无所谓。工作的时候，我们的忠诚首先会针对自己及自己的未来，其次是对我们现在的群体与项目，最后且最无足轻重的才是对组织。

然而，对任何人或任何事若缺乏承诺，便无法树立责任感，若没有责任感也就不需要道德。身为一个公民，似乎和当一个消费者差不多，让别人做决定，然后你再决定接不接受，或是接受之后又抱怨个不停。一位董事长刚刚宣布好几千名员工为冗员，后来被问及是否觉得对那些人有责任的时候，他回答："我可是缴税的，不是吗？"其实现在税金已经成为我们摆脱社区责任的手段了。

在一个混乱的世界里，这些都可能是合理的反应。未来无法预知，也不可能掌控，而是等待人们去发现。然而，这样的世界多么寂寞啊！家的周围就是丛林，看到陌生人则视如毒蛇猛兽，而家则成了私人监狱。鲍曼引用马克斯·弗里施（Max Frisch）[①]的话："现在我们可以为所欲为了，唯一的问题是，我们究竟要什么？我们走到终点之际，站在亚当与夏娃以前站过的地方；现在我们面对的只是道德的问题。"

---

① 瑞士剧作家，代表作有象征主义剧作《安道尔》。——译者注。本书脚注均为译者注。

这是新世纪的当务之急，可是，在我们把“自己想要什么”这个更为根本的问题解决之前，实在无暇顾及其他，而且我们也应该推己及人，因为德国伟大的哲学家康德说得没错。平心而论，我们无法为自己制定一套准则，而又为别人制定另外一套。大家若是对人生的目标没有共识，在我们对自己的期望与别人对我们的期望之间没有取得平衡，社会将形同战场，大家只会各自为政。弗里施说得对，这的确是个道德问题。

公司主权

英国的法律向来视公司为个人，既可以被起诉，也要承担责任，而非没有生命的财产，企业主则是要负责任的人。我认为，法律自有它的权力。但同时，我也认为，所有权的概念在这个新世纪是一大谬误。

原因之一是，所有人拥有的究竟是什么？如今企业最大的价值莫过于其看不见的资产、累积的经验、品牌、研发与管理能力等，这些都是和特定的人密不可分的，而每个人又都是随时可以自由来去的。

原因之二是，大多数公共企业的所有人其实都没有把自己的钱投入这家企业。股票市场是个二级市场，股票在其中买卖，企业本身却无缘见到这笔钱。用“股东”描述有名无实的所有人的确是正确的，不过把他们视为投资者而非所有人则更为真实。如果把他们视为投资者，就必须哄他们开心，而不仅仅是维持高股价而已。付给股东太多的股息，会使公司失血太多；而开心的投资者很少会像真正的所有人那样，把股息再一次投入，于是企业未来发展所需的资金将会短缺。如今有些组织运用它们的利润买回自己的股份，使得某些评论家十分纳闷，一家企业拥有自己100%的股份，在法律上只需要对自己负责，不知道会发生什么事。

不过，从实际目的来看，组织早已经是只对自己负责了。只要能让投资者高兴，多半的企业都可以为所欲为。作为投资者，倘若你不喜欢企业的所作所为，你大可以掉头离开。但是，如果你投资的金额太高，不能一走了之，还有最后一个办法，就是撤掉现在的高层，换一批新人来做做看，希望他们能表现得比较好些。这倒不见得是在行使所有权，而只是忧心的投资者的最后一个可行办法。

因此，实际上企业仅仅对自身、自己所做的事以及做事的方式负责罢了。管理良好的企业会密切注意其形形色色的赞助者，或是利益相关者，因为企业不只希望哄投资者开心，更希望让顾客、员工、供应商，以及更重要的是要让周围的社区都高高兴兴。要知道，在沙漠或贫民窟里经营企业是非常困难的。让所有的赞助者开心，并不表示得对他们的一切负责。假使能让他们从某些方面获利，企业也可以自行决定自己代表了什么，自己的目标又是什么。经营良好的企业之所以能够赚钱，是因为它们做了正确的事，而且做法正确，可是一切也并非到此为止。真正的问题是：这些钱，这些利润，应该被用在什么上面？又该以什么方式来运用？关于这一点，我们必须信任经营企业的人，也就是这些新的职业经理人。

职业经理人的时代

如今是职业经理人的时代，企业如此，各行各业亦然。我们的财富渐渐落在这些职业经理人的手里，他们或者经营企业，或者与企业合作。他们理应是所属企业的负责人，我们也应当更加信任他们。

跨国企业的情形更是如此。这类企业更正确的称呼应该是“超国家企业”，因为它们不仅跨越国界，更超越了国界，高高在上，不对任何国家忠诚；或者正如它们所说的，其忠诚属于每一个与它们合作的国家。从理论上来讲，这些企业巨头应该对其股东负责，但我在前面已经提过，股东们仅对其股息感兴趣，完全不在乎企业创造财富的方式，而且对于发生在遥远地方的一切往往浑然不知。

超国家企业

根据最近的估算，全世界大约有70家企业巨头的收入总额超过古巴的国民生产总值。这些企业也像古巴一样，属于有效的中央计划经济。卡吉尔公司（Cargill，美国一家家族企业）单单是在咖啡方面的总销售额，就比任何一个提供给它们咖啡豆的非洲国家的国民生产总值还多。该公司也占据了全世界早餐麦片60%以上的市场。在大多数国家，这样的市场占有率会立刻引发是否构成垄断的调查，但是卡吉尔公司却因为不属于任何国家而逃过一劫。它只对自己负责。我不认为卡吉尔公司是故意利用其地位来图这个方便，若要判断该公司究竟是否故意逃避调查，重点在于要看拥有这家公司的家族所抱持的价值观为何。

这些富可敌国的企业是世界上的强权者，其影响有好有坏。它们既向别的国家输出技术，也可以快速转移资金，并且转移资金的规模可以比任何政府所能转移的要多得多。它们既可以缔结联盟，也可以瓦解联盟；既能做决策，也可以无中生有，促成好事，其轻松与快捷的程度，足以令任何一个平凡国家羡慕。这些超国家企业几乎可以在不必和任何不相干的人商讨的情况下做这一切。这些公司也不同于其他国家，它们并不属于联合国的一员，也不必受制于其决议。它们只需要对其投资者负责即可。

或许有一天，某些国家将企图管制这些游走于各国之间的大企业。在此之前，我们真的必须依赖公司对自身的切实了解——究竟公司的目标是什么？也必须回答“为什么”的问题。惠普公司的共同创始人，已故的戴维·帕卡德（David Packard）在生前曾说：

> 我们在这里干吗？我想许多人会错以为公司存在的原因只是赚钱而已。一家公司如果还像个公司，金钱就只是其存在的一个重要部分而已。结果并不代表原因。我们必须更深入其中，找出公司存在的真正原因。在钻研这个原因的同时，很容易得出一个结论，那就是一群人聚集在一起组成一个被称为公司的组织，于是这群人能以集体的力量达成个人所无法成就的事——对社会有所贡献。这话虽听来陈腐，但却是根本的真理。

伟大的公司从不羞于公开说明其存在的理由。詹姆斯·柯林斯（James Collins）与杰里·波拉斯（Jerry Porras）在研究基业长青的公司时，搜集了几个例子：

- 玫琳凯化妆品公司：提供女性无限的机会。
- 默克公司：保障且改善人类的生活。
- 索尼公司：为了大众利益，体验先进与实用科技带给人们的欢乐。
- 沃尔玛：给普通人购买和富人相同商品的机会。
- 迪士尼公司：让人们快乐。

假定这些公司的理念都是真心话，你就会明白人们为什么希望为这些公司工作了，即使是只做6年也好。这类公司具有一种被称为“灵魂”的东西。有一次，我要求学生走进办公室或是工厂，让他们在不跟任何人交谈的情形下，猜猜这里的工作环境如何，管埋层所抱持的态度与价值观又是如何。后来我们正式拜访了那些地方，并且针对员工做了调查，我的学生惊讶地发现自己当初的猜测竟然十分正确。

我仍然认为公司与个人并无不同，反之亦然。两者都必须为自己的命运与行为负责，两者也都需要找出其根本的目标，这才是使它们与众不同的特质。这是推诿不掉的责任，而且只要合乎情理，企业几乎拥有无限的选择，可以为所欲为。这一点既是机会，也是冒险。总而言之，对自己将为命运偿付什么进行思考是至关重要的，这既不是一种科学也不是一种宗教。我们对这些事物的信念非常重要。

天竺葵理论

有一次，我在意大利与一位朋友谈论这些事。“我真搞不懂你干吗去操心这些浮夸不实的哲学问题，”他说，“你瞧，那边那棵天竺葵就什么也不管，好像也长得挺茂盛的。”

“可我不是天竺葵啊！”我愤愤不平地回答。

“你怎么知道你不是天竺葵？或许你看起来不同，能力也较强，活得也久一些，但是人基本上也不过如此，只是比较世故、复杂一点的天竺葵而已。所以躺下来好好享受一番吧。顺着你的本能去做。让我斟满你的酒杯，好吗？”

“可是，如果你是一棵天竺葵，难道你不希望长成比较优秀的天竺葵吗？”我问。

“只有在我们天竺葵家族里有自我改进的血统时我才会这么想，即便如此，我也仍然会遵循我的天竺葵本能，但它不会使我变成一棵道德上较优秀的天竺葵，可能的话我也许只会是人们喜欢培殖的一种天竺葵罢了。”

我发现自己正迈入社会生物学家爱德华·威尔逊（Edward Wilson）[①]与理查德·道金斯（Richard Dawkins）的领域之中。道金斯在

① 美国生物学家、博物学家，“社会生物学”奠基人。

《盲目的钟表匠》（*The Blind Watchmaker*）与《伊甸园之河》（*River Out of Eden*）等书中提出了“自私的基因”的概念，辩称我们这会儿正流行新达尔文主义，我们在各方面都是遗传而来的基因的产品，甚至如果我们有宗教倾向的话，这个倾向也是得自于遗传。这种论调是我争辩不过的，因为无论我说什么，我的朋友都会回过头来说：“这是当然的啦！你是那种天竺葵，所以才被设定成那样的嘛！”

企业天竺葵

有时候，企业巴不得大家都这么想。它们喜欢把自己视为受到更大力量操纵的经济实体。为了在达尔文的经济学世界里生存，它们所做的一切都是情非得已。这种哲学使它们得以剥削顾客、供应商以及员工，只要自身可以毫发无损就好。天竺葵的生命虽然短暂，却往往充满了阳光。因此许多一心想快速致富的企业认为，贡献社会不过是信口胡说。

有些企业的态度就比较积极。如果你想要追根究底，不如让自己置身于市场规律之下，其他的一切（你对待员工、供应商和顾客的方式）都会变得妥妥帖帖。我们是市场的棋子，被市场需求驱使着前进。除了需求得到满足之外，没有自己的意志。市场会使我们童叟无欺。

这整个议题是至关重要的。如果我们真的没什么选择，也就没有必要去操心人生有何目的，也不必期望从人生中得到什么。那么，责任感无论是对自己还是他人，也就失去了意义，这整本书也是徒然浪费纸张。如果你的看法恰是如此，就别再往下看了。先天或是后天孰轻孰重并没有绝对的证据。影响人类一生的，是自己选择究竟去相信什么。事实耗尽或是事实仍无法证明的时候，信仰也就应运而生。

事实可能是基因在脑袋里赋予我们特定的倾向。我们在幼年环境中受到了不同的冲击。而我们每个人在长大成人的过程中，都选择了不一样的初学者装备。不过故事并非到此为止，这仅仅是个开始。怎么去用它，决定权仍然在个人。你不必相信使我们有别于动物的造物主——上帝。你可以像我一样，相信人类不只是一棵可以走动的天竺葵，而是已经进化成具有自觉能力的生物，只要下决心去做，就能够影响我们自己的行为。卢梭（Jean-Jacques Rousseau）的说法就更武断了："人类还有一个不同于动物的特征，这是非常具体且不容置疑的，那就是自我改进的能力。"

使我们能够分辨是非的就是这份自觉，而且是每个人与生俱来的自觉。它也使我们得以发展出追求进步的想法，科学家也同意，这个想法并非自然存在于进化的过程中。自觉也带来了责任的概念，它超越了任何遗传而来的自我保护的倾向。如果生物学真如我们所相信的那样——为了遗传而不断竞争，为了争取机会而冷酷无情，如果在那个过程中没有进步与目标，如果这一切不过是自由竞争；那么身为人类的我们就必须把"目标"这样的观念强加于科学才行。

然而，我之所以排斥超乎一切的决定论，是因为除非我深信自己有能力去影响人生，否则就会觉得人生毫无意义。无论这个感觉是来自于遗传，还是来自于加班工作所生出的自觉，已经不重要了。即使是道金斯也说，他让大家注意到自私基因，并不是为了使它合理化，而是希望鼓励我们去“反抗复制自私的机制”。我相信我可以在周围世界留下痕迹，不管这个痕迹是好是坏，它使得人生终将有趣。我希望多数人的内心深处也有同感。

宗教的真义

宗教提供的是二级确定性，保证人生确实有一个目标。但它不提供，也不应当提供任何一级确定性，或是明白规定这个目标应该是什么，因为那仍然是个人的责任。“自由选择权”是我们最重要的特权，无论是不是上帝的赐予。此外，做出错误选择的自由也包括在内。选择与犯错的机会并肩而行，你不能只要其一，不要其二。当然，所有的宗教都曾有过伟大的典范与宗师，大家可以从他们身上学到许多。《圣经》和其他任何地方可能发现的哲学教科书一样优秀。不过在许多宗教方面的教科书中，既述及社会秩序，又谈论人生正确目标。我们不应该因为这样而加以鄙视，但这些书里所说的仍然只是规则罢了，它们可没有请你停止思考。

就因为宗教有可能会使人停止思考，所以会造成误导，使得人们成为狂热的信徒，有时甚至会变成恐怖分子。就这一点来看，他们的人生观类似于天竺葵。狂热的信徒认为，人生不是个人的责任，我们的职责不过是人家叫我们去哪儿，或是以为人家叫我们去哪儿，我们就去哪儿。这种宗教充其量不过是虚假的确定性，是逃避而不是奉献。也正因为如此，这种宗教既让人误入歧途，也极为危险。

倘若我们能够正确了解宗教，其实它可以提供人们和真正的自我接触的方式，尤其是和心中的善念会面。我也曾经与神圣的事物有过共鸣。我曾到过托斯卡纳大区一个与农舍相连的小教堂，曾经有过数代修道士在那里祷告过，但却不曾留下一丁点看得出来的痕迹或是装饰。在那种地方，你免不了会检视自己的良心，反省自己的人生。每一天，在某个地方，让自己静静地一动不动，把它当成一个戒律，净化心灵。如果你愿意，可以称之为祷告或是冥想。任何形式皆有其美，伟大的音乐、优美的建筑，这些都可以振奋心灵。宗教仪式可以使人心神振奋，这是最好不过的了。它们让你融入其中，净化你心中引以为耻的事物，使你振作起来，之后重返俗世凡尘。因此，宗教仪式有如心灵的土耳其浴。

像这样的宗教才会对自我责任感有所助益，甚至可能是至关重要的。但是，这是一种没有信条与等级的，充满着怀疑与不确定的“宗教”，它为我们提供保护的力量，让我们凭自己之力在这个世上走出一条路，而每一个人的世界都不免和前人所知的世界迥然不同。

我认为，人们必须为自己的命运负责，现实中却有太多人在推卸这个责任。我深信这是落在每一个人肩上的责任，而我们也无法回避。

第 5 章

Chapter Five

适当的自私

Proper Selfishness

我的前半生一直在努力尝试着出人头地。中学时，我希望成为伟大的运动员；大学时，则希望成为受人仰慕的校园名人；之后便希望成为呼风唤雨的商人；后来又希望成为一个杰出组织的领袖。很快我就发现自己根本没有在这些方面成功的命，但我并没有因此而放弃尝试，也没有不时对自己感到失望。问题是，在企图出人头地的同时，我忽略了一件事：我不曾专注于“我可能成为什么样的人”这件事。这个想法在当时实在太吓人，让人根本不敢去想。遵循当时的传统，用金钱与地位来衡量成功，顺着别人放在我们面前的梯子往上爬，这让我舒服得多。但我却发现不知道该如何表达自己的信念与个性。

我做故我在

现在回想起来，我是在逃避自己，成了制度的奴隶，而非其主宰。不过我们无法借着反省来发现自己。要想学会游泳，必须先跳下水。这实在不算什么新发现。真正的个人特质必然是社会性的，正是哲学中一个最古老的见解。我们通过自己的作为发现自己，也借着与他人同住和为他人而活的长期挣扎而了解自己。“我做故我在”比“我思故我在”更为真实。

17世纪法国哲学家、数学家及物理学家帕斯卡曾说，“一切痛苦，皆源于人类不懂如何孤独地生活”。这句话不无道理。当然，世间一切好事的成因也同样如此，因为人生中多数的快乐来自于我们与他人的交往。若是如法国政治家及作家托克维尔（Tocqueville）所说的那样“封闭于自己孤独的心中”，那可不是我们所向往的。也正如澳洲哲学家彼得·辛格（Peter Singer）所说：“完全专心于关乎自己的事，或是彻底的自给自足，等于是穷其一生写自己的传记——除了写自传之外，根本没什么其他值得写的。”我们要做自己，就需要其他人。

我称之为“适当的自私”的观念建立在这样一个事实之上，那就是我们免不了会与他人有所纠缠，哪怕有时内心不愿意；另一方面，我们承认，关心自己，并且发现自己究竟是谁是非常值得的，因为这项发现终究会使我们了解，自尊只可能来自于责任感，来自于对其他人、其他事的责任感。矛盾的是，我们唯有在面对与自己无关的事的时候（如对他人的爱、追求的理想或使命、对群体或组织的奉献），而且只有在丧失自我之后，才可能真正找到自己。我们因为周围世界的改变而不得不自私，但我们可以选择适当的自私。如果有更多人如此选择的话，我们就可以让制度为大家所用，而不是反其道而行之。

在本书的第三部分中，我将探讨一些方法，把这个哲理应用于一些社会组织，我们可以为世界做些实际的改变与改进。但这个哲理必须从我们自身开始。

渴望的自我

美国人说我们的责任是享受人生。神学家蒂莫西·戈林奇（Timothy Gorringe）说，选择人生是伦理的唯一要件。他们说得固然没错，不过却未免巧妙地回避了真正的问题——这个叫“人生”的东西是什么？

人生是个尽量发挥自我的机会。每个人都应该拥有这个机会。每个人都有一颗或向善或为恶的心。我们大可争辩向善或为恶的倾向究竟来自上帝，还是得自遗传，如果你相信上帝才是宇宙的主宰的话，结果其实都一样。适当或可敬的自我，会充分彰显善念、限制恶念。大多数人都渴望拥有一个可以让自己引以为豪的自我。有越来越多的人，尤其是西方富足社会里的年轻人，感觉到了这股渴望。美国社会学家保罗·雷（Paul Ray）管这些人叫“超现代人”，他认为这些人大概占了美国人口的1/4。只要走进任何一家美国书店，你会忍不住对那么多以“心灵”为书名的书感到不可思议，甚至连商业方面的书籍也以这个为名字。

适当的自私以重新解释利己主义开始，而它的意义却绝不局限在经济学范畴。撒切尔夫人在她叱咤风云之际曾主张自我责任感，而不是自私。但由于她并没有为“自我”可以做什么或应该做什么下一个定义，因此大家就将她所说的利己主义附会为短期的财政利益，也就是财务方面的自私。这是一个不幸的误解，修正这个定义是极其重要的，其意义势必远远超过经济增长。

基督教的传统思想认为：人生不在于满足需要（虽说这也是不可避免的一部分），而在于拥有挑战自己，进而证明自己的机会。金钱只会构成这类利己主义的一部分，也仅仅是一部分而已。

白石头

认识自我的旅程既漫长又艰辛。

我在书桌上放了一颗小小的白色石头，它总能让我想起《圣经》“启示录”中的一段神秘章节。那段章节是这么写的：

> 圣灵说：“得胜的人我要给他一颗白石头……石上写着一个新名字，除了领取者外，没有人知道这个名字。”

我不是《圣经》学者，但我能理解它指的是什么意思。它是说如果我“得胜”了，我终将发现我真正应当成为什么样的人，也就是隐藏起来的另一个自我。人生就在于追寻这颗白石头。每个人的白石头都长得不一样。当然，这还得看“得胜”是什么意思。我猜它指的是通过生命的小测验，直到你可以自由自在地完全发挥自我，这时你就可以得到白石头了。

美国最受敬仰的“心灵”哲学家詹姆斯·希尔曼（James Hillman）说，我们心中都有一颗“橡树果实”，里面包裹着命运的种子。古希腊人将之称为人的护灵，古罗马人则说是每个人的神灵，而耶稣则说天国就在我们心中。今天，我们用的字眼则是“心灵”、“灵魂”和“心”。这些概念指的是，驱使人的乃是自己的灵魂，我们绝不能忽略与它的连接。我比较偏好白石头的象征意义，因为它告诉我们必须采取主动。单单是躺下来希望灵魂带领我们到极乐世界，实在不算是什么主动的选择。

今天我们有塑造自我甚至再创自我的机会，这也算是一项挑战。我们的人生并非已经完全注定，因为这不是科学或是宗教所能做到的。我们有机会让自己的人生成为一项杰作，而这种机会应该是全人类所共有的。

如果一开始就知道白石头上写了些什么，彻底完成自我又意味着什么的话，那一切就太简单了。恰是由于我们在得到之前并不知道它是什么，所以只能不断地进行探索。这个探究的过程向来漫长无比，许多人半途而废或是根本就没开始。据说从我们出生到死亡，只发挥了我们潜在天赋的25%。果真如此，我们就应当早一点开始拿自己当实验品。如果这一切早已通过我们的基因或“护灵”预先注定，该是多么令人沮丧啊。因为那样的话人生就变得毫无意义了。

迈向白石头的第一步

“认识你自己”是古希腊的箴言，它所说的应该就是迈向白石头路程的第一步。不过，这个简单的步骤却往往变成追寻的终点而非起点，因为我们无时无刻不在成长，不在改变。愤世嫉俗者说，认识自己父亲的人是智者，但是更具智慧者，却是在生命结束之前就认识自己的人。“做真实的自己”，这是波洛涅斯给雷欧提斯[①]的忠告。对一个年轻人来说，要做到这一点颇有难度，甚至当时他连真实的自己是什么样的都没有一点概念。倘若能听听帕拉塞尔苏斯（Paracelsus）的劝告，说不定表现还会好一些。帕拉塞尔苏斯说，我们若不能做自己，至少也应该不要成为完全不是自己的人。

因此，迈开步子走向通往白石头的路，并不是要大家眼里只有自己，而是要劝告你别穿不合身的衣服。换句话说，就是别伪装，否则你就是在浪费生命。要找到自己，首先得到外面去找。除非你已经尝试了所有可能，除非你已经接近终点，否则别以为你会找到全部真相。许多人都不畏惧死亡，因为那是探究的结束。关于这一点，剧作家亚瑟·米勒（Arthur Miller）是这么说的：

---

① 波洛涅斯和雷欧提斯是莎士比亚悲剧《哈姆雷特》中的人物。

我将它（人生）视为一场永无止境的奋斗。我们即将来到高原时，根本没有时间将那里所有的东西整理妥当。这是一场奋斗，每棵植物都得想尽办法保持挺立，但大多数时候却都徒劳无功。但我们至少可以从中得到一些启发，所以也不算是失败。

身份之谜

不过，我们也不能总是等到死亡接近之际才开始探究。那么，一开始我该怎么去界定自己呢？

人们描述自己的时候，工作总是占了很大一部分，因此它也成为自我的一个重要组成部分。多年前，我7岁的儿子要写一篇描述父亲在做什么的家庭作业。我虽对这篇作业可能造成的差别对待不甚赞同，但却仍然好奇我的儿子写了些什么。当时我的工作是在商学院里担任教授，我认为那是7岁孩子无法理解的工作。

“我说你是个画家。”他说。

“喔？”我很为他的想象力感到震惊，因为我从来不曾用画笔在画布上画画，不过我还是一样受宠若惊。“我画什么呢？”

“画墙壁。”他说。那个周末我的确将墙壁粉刷了一遍。他把我看成一个油漆匠或装修工了，实在让人泄气。我花了一点时间思索，觉得他还那么年轻，他把我看成什么又有什么关系呢？

不过后来，当我告诉儿子的校长，我接受了另一个城市某学术机构的主管职位，因此要搬家的时候，却被他的反应吓了一跳。他满脸疑惑地看着我说:“多有趣啊！我还以为你是个装修工人呢！”我不禁自问，这会不会是过去两年来他对我不理不睬的原因?

我们被自己的工作角色框住，但这只是一部分而已。从某种程度上来说，家人、亲戚、朋友、同事，跟我们相关的人怎么看我们，我们就是什么样子。和亲朋好友见面时，我很清楚自己对他们的工作或企业并不是真的很感兴趣，但如果这些涉及他们个人的问题，那又另当别论。其实如果他们很成功，我反而要耿耿于怀，因为这就表示他们没什么时间留给我。反过来也是一样。他们不希望听说我又出版了什么书，或是做了什么演讲。我了解也珍视他们私人的一面。我和他们的身份植根于相互的情感与共同的经历。他们看到的“我”不同于其他人。

哪个才是自己

不管我们怎么否认，别人看我们的方式的确会影响到我们看自己的方式。适当的自私要求我们照顾自己的身份，而且必须和我们所认识的人实际核对一番。自己来界定自己是什么样的人，意味着什么。有些人在这么做的时候，自大狂妄、漫不经心，而这往往掩盖了更深层的怀疑。另一些像我这样的人，却急于想相信别人对我们的性格描述，这是自我怀疑的另一种表现。

情境不同，人的身份也会有所不同。我妻子作为摄影师帮一位名叫戴维的将军拍了一系列的肖像照，先拍他身着戎装，再拍他穿着便服与妻子的合影，最后拍的是他穿休闲装与孩子们在花园里的情形。同一个人，却呈现出三种截然不同的形象。令人忍不住想问，究竟哪一个才是真正的戴维？答案是，当时的每一个他都是真实的，但最后印在白石头上的会是哪一个，或是哪几个的组合，就得靠他自己去发现了。形象太过迥异的时候，人生会变得混乱不堪。大多数人会发现，随着年龄增长，不同的形象会渐渐融合在一起，直到我们变成一个人，而非几个人为止。

有一天，你会坦然接受你是谁和你是什么样的人，到那时，你不会觉得需要为任何事道歉，也不必去否认什么。坦然接受真正的自己是力量的源泉。获得诺贝尔奖的加勒比诗人德里克·沃尔科特（Derek Walcott）把到达那个目标时的感觉描述为：

那个时刻终将到来，
届时，欣喜若狂的你，
将和到来的自己打招呼，
在自己的门口，在自己的镜中，
对另一方的欢迎微笑以对，
并且说，坐这儿。吃吧。
你会再度爱上曾是你自己的那个陌生人。
斟酒，上面包。把你的心还给你自己，
还给那爱你的陌生人。
爱了你这一生，却被你忽视成另一人，

他知你甚深。

拿下书架上的情书、相片和逃亡日记，

剥下镜中你自己的形影，

坐下。飨宴你的人生。

我在教授的正式头衔后面躲了好久。在我39岁第一次获得这个头衔时，真是觉得骄傲无比。不过我记得当时母亲只说了一句话，那就是希望这意味着我能多挪出一点时间陪孩子了。等到60岁的时候，我成了兼职教授。妻子怂恿我放弃它，说我该“长大”了。但我深深地恐惧在失去一切可以用来形容自己的头衔之后，我将变得一无所有。我告诉她，在开会的时候，大家都期望你有一个头衔，或是跟什么组织有关系。直到我后来终于辞去教授一职，以“查尔斯·汉迪”的身份出现时，却惊讶地发现自己如释重负。

女性自觉

如今妇女走出了男人的阴影，也有了和男人一样的问题，既要甩掉社会的期望与刻板的印象，又必须发现她们究竟是谁。至少，今天她们在选择方面是比过去自由了。

有些人放弃做人生的选择。英国喜剧女演员维多利亚·伍德（Victoria Wood）就这样描述自己的人生：

生在北方，

说几个笑话，

烘衣机烘坏了两副胸罩，

死去。

这个反讽触动人心，人们笑了，因为他们往往可以从中认出自己，和一个尚未探究的生命。雷切尔·林赛（Rachel Lindsey）的诗表达出其中的悲哀：

这个世界的罪行之一就是让婴孩长成无趣的人。

并非他们不播种，而是几乎从不收割。

并非他们不服侍，而是没有上帝好服侍。

悲剧并不是死亡，而是在将死之际，

承诺不明，信念不清，贡献也尚未完成。

拿自己的人生当实验品不会是每个人的选择，太冒险了。这是一种莫大的悲哀，因为这样一来我们就只能活在为自己做的盒子里，或是让别人替我们做这个盒子。我在15年前第一次看易卜生的戏剧《玩偶之家》时便深有感触。这出戏描写的是一桩外人看来很幸福的婚姻，剧中有成功的丈夫，迷人且令人爱慕的妻子。戏一开场的时候，妻子正和三个孩子忙着为圣诞节准备礼物。不过，在最后终场时，我们不得不承认一切幸福的感觉原来只是肤浅的伪装。妻子娜拉突然明白她一直只是丈夫的玩偶，一个漂亮的玩具，没有属于自己的身份。过去她很高兴接受这个角色，直到她认识到自己是怎么一回事为止。“是的，我对我的丈夫和孩子有责任，但我对自己的责任得摆在第一位。”她这样想着，并最终选择了离开，为自己开创一个新生活。我想，为这个剧本写续集肯定是个很有意思的练习。

伟大的戏剧为人生提供了一面明镜。我在那面镜子里看到了自己的影子。我也有幸福的婚姻，但从前却太过集中于我自己身上。我发觉我的妻子伊丽莎白曾有更多机会去探索她自己的白石头，她大可逃脱我们俩很不聪明地为她所造的盒子，只是我发现得太晚了。她拥有摄影专业的学位，而且是和我们的儿子同一天拿到的。之后她以自己的方式钻研肖像摄影，而这恰巧与她的天性十分符合。

在拍完一系列的肖像照之后，她会把各式各样的照片提供给当事人选择。有一位女士为自己的母亲、伴侣、孩子和她自己选择了截然不同的照片。她在不知不觉中透露了自己不同的面目——她不同的盒子。另外有一次，伊丽莎白尝试了另一种做法。她请一位女士家中不同的成员在她的照片中选择他们最喜欢的一张。结果竟没有人选中同一张，因为每个人对她是什么样子都有不同的想法。对这位女士来说，暴露她的不同面目成了迈向寻找自我之旅的一个开始。

为自己找个合适的盒子

在日本的大型组织里，日本人不像西方人那样快速地提拔最优秀、最聪明的年轻人，反而让这些年轻人轮岗去做同一层级的不同工作。我称之为“水平通道”。他们希望这些有天分的年轻人有机会去经历各种职能和不同风格的上司，而不是受限于工程师或是律师的教育背景，因为他们真正的天赋很可能是在其他方面。这是一个从盒子里逃脱的机会，当初他们进这个盒子的时候，可能根本不曾透彻地想过。在这个独立的年代，年轻的准经理们利用工商管理硕士学位的资格，获得重新界定自己的机会，好逃脱他们过去的盒子。

身份的要件是责任感，因为没有责任感也就没有自尊。你并不知道自己是否有能力处理好任何事，交出任何结果，或是照顾任何人。若没有工作，我们就缺乏事实加以核对，因此工作就变成必要的了。

如果责任感是身份与自尊的钥匙，那紧随而来的就是一些重要的教育与政策问题。对此，我将在第三部分加以讨论。

三种心态

没有人能够在年龄很小之时或是在一夜之间就找到那颗白石头，其中似乎有个必然的次序是我们都不了解的。

弗朗西斯·金斯曼（Francis Kinsman）在他所著的一本名为《千禧年，迈向明日社会》（*Millennium*，*towards Tomorrow's Society*）的书中，引用了斯坦福研究所（Stanford Research Institute）提出的三种心态来形容他对世界的看法。这三种心态分别是：

- 生存驱使（Sustenance Driven）

- 外在导向（Outer Directed）
- 内在导向（Inner Directed）

丑陋的字眼往往包含着重要的真理。其实或许就是因为太丑陋了，使我一开始有所误解。我把“外在导向”误以为是为他人烦忧的意思。实际上，它指的是关心他人所做所想之事，关心他们的价值观与急务。“内在导向”则是瑞士心理学家及心理治疗学家荣格所说的“个性化”，而我称之为“适当的自私”，是一种发展出属于你自己的价值观与目标的能力。为了便于理解且方便使用，我将其换成“生存”、“成就”与“表达自我”。但是这些名词不如斯坦福研究所提出的三种心态那么精确。斯坦福研究所关于三种心态的定义如下：

- 生存驱使：受生存驱使的人其首要目标即是安全，包括财务方面的和社会方面的。有些人既穷困又面临失业，有些人虽富裕却也希望紧紧抓住现有的一切。受生存驱使的人很坚决，设定目标后就勇往直前，而且抗拒改变。
- 外在导向：外在导向的人成就很高。他们追求的是尊重与地位，以此作为成功人生的外在象征。因此他们要的都是人生最优秀或至少是最正确的事物。他们通常都很聪明，受过良好教育，且野心勃勃。他们是物质主义者，不过在那些越不注重物质越酷的圈子里则是例外。外在导向的人正是成功的经济社会后面的那股驱动力。

- 内在导向：这些人身后的驱动力在于表现他们的天分与信念。这并不是说他们容易退缩或是高高在上，甚至没有雄心。不过和前面两种人比起来，他们较不注重物质，却更关心伦理以及社会运作方式。他们的价值观基于个人成长、自我实现、个人感受以及众人生活的品质。金斯曼说，其他人称他们为“怪胎”，还有一些人觉得他们是危险分子。“我们怎能认同这些人，任凭他们把自己毁了？”一位很有权威的经理人如是说。

金斯曼用这些类别勾画出我们社会在21世纪里可能发展出来的景象。我们能看出世界趋势乃是渐渐由生存驱使转为外在导向，再从外在导向转为内在导向。内在导向的人占英国人口的36%、荷兰人口的42%；不过，德国外在导向的比重却多于其他任何国家；意大利与法国的部分地区仍属于强势农业文化，因此明显仍是生存驱使形态。英国人对于表达自我与寻找那颗白石头越来越感兴趣。

我们也可以用这三种类别作为个人发展的分类。美国心理学家马斯洛认为这些类别其实是相互重叠的。我们从来不完全是其中任何一类，而是随着人生不同阶段而不断改变，相互混合。在创业伊始，我只关心自己是否能够生存；之后便是成就阶段，当时我在意的是如何证明自己，但我发现有时翻阅到杂志里的豪宅广告时，仍忍不住投以艳羡的眼光，因此我对外在导向世界代表成功的象征还没有完全免疫；现在我已经到了第三阶段，能够全心接受内在导向的价值观，也正在寻找表达真我的方式，希望做出某种贡献。

这么说的意思，仿佛是有个从“生存驱使”进步到“外在导向”再到“内在导向”的阶梯似的，和马斯洛以及其他发展心理学家的学说倒颇为一致，听来也很符合许多人的人生进程。如果我们希望掌控自己的命运，却又盲目追逐风潮、人云亦云的话，那就太傻了，那些都是头两个阶段背后的驱动力。我们最好还是尽快转换为以内在导向为主的人生观。

享受内在导向的生活

不过我承认自己要求过多，许多人从来没有品尝过这种心态带来的自由，因此倘若还不曾充分体验头两个阶段的话，实在不容易视内在导向的生活方式为一种享受。有些人说内在导向、表达自我以及掌控自己的人生，只有中产阶级、中等收入的中年人才有可能实现，那就实在是一种偏见。

那么，这些内在导向的人又是谁呢？如果真有1/3以上的英国人属于这一类型，奇怪的是，我们好像没有听到他们的声息，也没有看到他们有什么动静。在公共领域之内施行适当的自私仍然是项挑战，也是我即将在第三部分谈到的问题。但是可能由于内在导向或是适当的自私的人比外在导向的人声音细小一些，因此受到的关注也较少。公开辩论的嘈杂声或许隐藏了一种更加私密的单纯。200年前英国政治家兼作家埃德蒙·伯克（Edmund Burke）曾说：

> 请勿因为一株蕨类植物下的六只蚱蜢以它们叮当作响的急切声音弄得原野一片嘈杂，而忘记有成千头牛在英国橡树的阴影下休息，静静地嚼着从胃中反刍出来的食物，进而错以为那些制造噪声的小东西是原野上唯一的居民。也切勿以为它们的数目庞大，更别以为它们想必不是又瘦又小、既干又瘪，就是跳来跳去、朝生暮死、尽管大声却麻烦多多的昆虫。

可惜，我们浸淫在物质年代的浮夸言语之中，可能只听得见蚱蜢的声音。我们应该更加仔细聆听悄悄的声音才是。

自私的道德

最糟糕的自私是极端的个人主义，对他人漠不关心，也毫不宽容。适当的自私则是超越自己，是一种可敬的品行，也就是德国哲学家康德所理解的道德。康德认为，我们生来即有道德的冲动，但必须靠我们自己把它实际的意义找出来。康德的规则是无论你觉得什么是对的，其他人也必须觉得是对的才行。如果我可以偷你的财产，或是以我狂妄的行为激怒你，或是只要我喜欢就可以不遵守法律，那么你也一样可以，我不应当抱怨。穷人与富人不应该有两套不同的道德规范。换句话说，道德始于自身，也应该适用于每一个人。

如果我们用心且花时间去思考的话，一个可敬社会的运作方式将会出现。这个过程必须从我们自己开始，同时这些是非观念也会蔓延和冲击到每一个人，并且渐趋稳健。到最后，正义与公平的定义就会浮现出来。帮助学生们了解道德实际意义的最有效方法，并不是要求他们接受长辈一代传一代的观念，而是让他们实际去体验康德的理念。以我个人的经验来看，康德是正确的。我们每个人心中的确有正义的概念或是道德的冲动，即使是年幼的孩子也是如此。如果有人向他们提出这类问题而非直接提供答案的话，让他们同意一些关乎是非的基本原则其实并不难。

不过我们也不应该把追求适当的自私当作一种纯粹理性的过程。如果我们确实要做真实的自己，就必须倾听自己的情感与直觉。安东尼奥·达马西奥（Antonio Damasio）在《笛卡儿的错误》（*Descartes' Error*）一书中描述了12名失去脑前额叶的病人，这一部分的大脑控制着我们的情感。这些人是“理性的傻子”。他们在各方面都很正常，既不瘫痪，一般的智力也没有受损，心理方面的测验结果也和他们遭遇意外之前的一样好。但他们的人生似乎四分五裂了。工作维持不住，感情表露不出来，也做不了决定。他们成了彻底的冷血动物，对好坏与爱恨的信息毫无反应。纵使十分理性，却已无法掌控自己的人生，也不再渴望知道和自身有关的真相，而且再也不能做到“适当的自私”了。

商业研究课程最糟糕的一面，在于假定商人是理性的傻子，毫无情感或是任何的责任感。我也认识一些这样的人。他们很难打交道，因为他们没有良心，而且对于忠诚或信任之类的观念已非常淡漠，他们只看数字，也只关心自己。幸亏这种人在大多数的行业里很罕见。我们不应鼓励他们。

如果过于强调理性或是将一切归因于遗传基因，利他主义将成为毫无意义的观念，这也是理性的经济学家们一直以来所担忧的。罗伯特·弗兰克（Robert Frank）就是一位企图整合经济学与生物学的经济学家，他曾说："亚当·斯密的胡萝卜与达尔文的大棒，如今已使得性格形成成为在许多工业化国家都被彻底遗忘的主题。"由于性格及其发展是适当的自私的精髓所在，我们得小心别犯下同样的错误。弗兰克的理论根据是：利他主义或真正善良的行为，是我们为了拥有道德情操而付出的代价。当然，我们也可以说献血、给乞丐零钱，或是做志愿的慈善工作是理性的行为，因为尽管我们拿不到明显的报酬，心里依然会因此而对自己感到满意。我们很可能借助真正慷慨的行动而透露了自己不为人知的一面。通过适当的自私，我希望能看到更多的人揭开更多未曾发掘的自我。

找出自己人生的意义

长久以来，我们被劝告要"爱你的邻居，如爱自己"。对许多邻居而言，这可能是个坏的消息，因为爱自己的人少之又少。因此适当的自私的第一部分即是准备接受现在的自己，并且朝着我们心目中的自己而努力。只有在对自己感到满意的时候，才可能对他人有所用处。一个可敬的社会必须从每个人自身开始，这点或许挺恼人的，而且也得从“相信自己做得到，更相信一个可敬的社会应该是什么模样”的信念开始。

这听起来或许有些困难。古希腊哲学家苏格拉底也曾追寻真理、正义、美与可敬社会的意义，但他的方式是询问人们对这些字眼的理解为何。然而，借来的信念是不够的，我们必须找出属于自己的意义。

第 6 章

Chapter Six

自我发现之旅

The Search for Meaning

寻找心中最好的自己仅仅是个开始，我们需要为这些自我寻找意义。

第一，我们往哪里去？尼采说，知道“为什么”的人可以忍受任何的“必须如何如何”，但困难的却是去知道“为什么”。我们都需要一个关于人生可能有什么的梦想，才有精力走这一遭。

第二，关于“足够”的悖论。除非你明白自己在现在这条路上已经走得够久了，否则绝不可能走另外一条路。要是你不知道什么是足够，不管是物质还是成就，你将永远陷于为自己打造的牢笼里，无从得知牢笼外的世界。

第三，我们都需要品尝崇高的滋味，使我们的心灵得到提升。因为崇高的滋味将告诉我们有一种比自身更伟大的东西，以及人生无限的可能。重视生命中非物质方面的意义，暗示了一种持久的真实。

第四，也是最后一项，就是对不朽的挑战。我们不能长生不死，而且什么也带不走，但我们身后起码可以留下一点东西，证明我们影响了某个人。我相信，只有集中注意力在他人身上的人才能做到这一点。

把这四项加在一起，你会有个活下去的理由。虽说到头来仍需永远追寻下去，也不确定会如何结束，但重点是旅程本身，而非到达的一刹那。草草接受任何次等的理念，都等于是只要当一棵快乐的卷心菜就满足了。

接下来我将谈到这四个需求对于组织、企业与个人都适用，但是我们头一个关心的仍旧应该是我们自己。

梦　想

有一阵子我的压力相当大，工作困难重重，这就表示花在家人与其他兴趣上的时间与精力更少了，于是，许多问题便随之产生。经过家人的一番劝说，我终于去看了心理治疗师。他问我，这一生想怎么过？好问题，我可是有所准备的。于是我不卑不亢地说，我想通过我的工作让这个世界变得稍稍好一点点。“啊！”他说，“好极了，这下子伟大的四重奏可凑齐了——耶稣基督、穆罕默德、马克思，还有查尔斯·汉迪。”我气极了，后悔自己居然付钱来受别人的嘲弄。过了一两个星期，我的气渐渐消了，总算明白他告诉我的是，如果你想改变世界，就必须先改变自己的人生。正如澳洲原住民所说的：“你希望看到世界有什么改变，你就必须变成那样。”

《托马斯福音书》（*Gospel of Thomas*）中有一段话是这么说的：“如

果你带来的是真正的你，你将得其拯救。如果你不曾带来真正的你，你将被其毁灭。”波士顿艺术博物馆的一位董事对此曾评论说：“过去我以为成为艺术家或演员什么的人一定很特别，现在我觉得自己错了，每个人在某些方面都算是一名艺术家。”我们不必改变这个世界，仅仅是完成梦想中的自己，就已经是足够大的挑战了。单单是如此，就已经让这个世界有所不同了。我也喜欢日本人的一个概念：生命是一场游戏，不是孩子的游戏，而是一场严肃的游戏，一项挑战。我们的工作就是以拥有的任何技能与专长，成为这场游戏的高手。

我不敢说自己能够说到做到，我的家族有好几代人担任传教士，说教对我来说要比实践容易许多，但人生中有一项重要的工作就是剔除清单上的一些事物，最后剩下的才是你真正想做的。正如米开朗琪罗所说，最完美的形体隐藏于石头之下，我所做的只是加以雕琢，直到它展现出来罢了。我很幸运，早早就已经对一些东西不再心向往之。公司把当年才20岁出头的我调任马来西亚一家销售公司的经理，我只需听命于我自己。以我牧师家庭出身的标准来说，那样的生活已经奢侈至极，有仆人、司机，夜里甚至还有武装的哨兵站岗。这些人都是由公司付钱雇用的。我个人虽没什么财富，但年轻时已经享受过财富带来的一切附属品。

成功的定义

不用说，现在的我深以过去为耻，居然在那样一个贫穷却很骄傲的国家里放纵自己。不过，那倒是一个满足我所有物质需要的大好机会，而且，此后的我渐渐开始从生存驱使往外在导向的生活移动，使我得以在不同的领域追求成就，最后过着比较内在导向的生活。有些人希望在职业生涯行将结束之际可以得到的物质享受，交上了好运的我在创业之初就得到了。虽然，3年以后，我因升职而回到伦敦，住在一栋楼房的地下室里，连天然气费都缴不出来。

我了解到若要真正活得值得，就必须具备一个崇高的目的，而且如果希望得偿所愿，也必须怀抱着可敬的野心。回顾自己的生活，我愿意接受美国哲学家、散文家及诗人拉尔夫·沃尔多·爱默生为成功下的定义：

> 要多笑且经常笑；赢得聪明人的尊重与孩子们的喜爱；得到诚实评论家的欣赏，忍受酒肉朋友的背叛；欣赏美丽的事物；找出他人最好的特质；让世界变得好一点点，不论是因为一个健康的孩子、一条花园小径还是得到改善的社会状况；或是由于你活着的关系，哪怕只是知道一个人的日子过得比较轻松；这些就是成功。

也许我们低估了大多数人单纯且可敬的野心。我头一回读到爱默生的散文，是在孟买街头的一家小画廊里。那些历经百年的文字，竟然仍旧能与现代人在某处引起共鸣，实在令我惊讶不已。

我们为自己所设定的梦想也不完全是理性的。当然也无法仅仅以金钱为衡量标准，即使金钱往往是一种得到认可的途径，却不纯粹是满足物质需要的方法。企业家不会因为需要用钱买东西而渴求千万财产，他们需要钱是因为金钱是企业成功的象征。顶尖的专业人士其实并不真正需要花他们挣得的所有钱，而是需要用那些钱来证明自己有多么成功。他们需要的是大众的认同，因为他们是人生这场伟大游戏中的高手。

理性无法解释我们为什么偶尔甘愿为自己心爱的人或执著的理想奋斗——我们会在情急之下为救一名落水儿童而纵身跳入河里，或是献身于帮助病入膏肓的人，或是一心希望为穷人工作。然而对于某些人来说，这些活动或职业却是他们人生的主体，而我们也应该为此心怀感激。帕斯卡说，人心自有其理由，是理性所无法理解的。成功与个人梦想并没有放诸四海而皆准的法则。我们各有各的想法，因此才会有渴望。

多年以来，我一直在做一项练习——为自己预先撰写遗嘱。我希望由一位我最亲爱的老友在我的葬礼上宣读。这种练习，强迫我去回顾自己的一生，并且挑选出最引以为傲的事。这是把注意力集中于梦想的一种方法。这些日子以来，我保存了一封已经封好的信，并每年都试着作些修改，我打算在我死后给我两个孩子去读。我发现，我在信中详细说明了自己试图奉行一生的价值观和我对他们的期望。

足够原则

“玫瑰若要开花，就需要修剪枝叶。”我抱怨自己绷得太紧的时候，一位朋友如此回答。我听了老大不情愿，因为我当时颇为自己活动繁多而得意，不过心里也清楚自己其实无法从中得到什么。我在同一天里辞去了七个委员会与团体的工作，其中只有两个单位回复了我的辞职信，显然其他组织压根就不在乎我辞不辞职。这是我第一次介绍“足够原则”，或者用一种更优雅的说法，就是“可敬的足够”，或是比较学院派的“极限理论”。

我们知道什么时候吃够了，什么时候暖气或冷气足够了，什么时候睡够了或是准备够了。超出足够的分量是不必要的，甚至可能适得其反。在其他领域里，如果我们看得出什么程度是足够了，就是一项优势。因为，那些不知道什么是足够的人就无法向前迈进。他们不去探索新的世界、不去学习新的事物，只在一个范围内成长。我相信他们不太可能得到白石头，而只是沉溺于自己的成功，总希望同样的好运再来，永远不会满足，也从不知道丰足的感觉如何。为了往前走，我们必须学着说“不”。“足够”的标准定得越低，其实也越早可以尝到丰足的滋味，也会觉得更自由。

另一方面，足够是永远不够的。我还记得有一回考完试后被老师取笑。“考得真差，”老师说，“我对你的期望可不止如此。”“我及格了，不是吗？”我说。“可是你可以考得更好。事情跟个人有关的时候，光是足够是永远不够的。你辜负了自己。”

个人的成长，以及寻找那颗白石头的旅程，是没有极限的。其他的一切事物却有。

成长的极限

成长不一定要拥有更多同样的东西，也可以是更好而非更大。它可能是更精简却更深入，两者都可能是质的改进，而不是扩张既有的地位。企业若是变得更好、更精简、更深入或更集中，就不一定要变得更大，也一样能获得更多利润。企业与生活变得越来越大，可能导致焦点丧失、过于繁复，最后蔓延到无法掌控的地步。所以我们必须知道，大到什么程度才算是够大。

例如，以超越或维持去年增长率为目标的企业，将会使得自己的工作一年比一年困难，今年的10%等于去年的11%。就像希腊神话里的西西弗斯①一样，无论他把石头推得多么卖力，也永远推不到山顶。即使能推上去，最终也会由于变得太大而解体。不管是出于选择还是被迫，一切又得从头来过。组织成长到太大的时候，除了分裂之外别无其他选择。德国的中小型家族企业就一直在尝试打破这一定式。它们通过不断改进与创新，满足于主宰一个小而适当的市场。也就是说，这些够富有也够大的公司将精力集中于追求卓越。

社会也面临同样的选择——变大或是变好。我们可以选择以效率交换更多的公平，因为足够原则的另一面，即是每个人有权去尝试一下足够的可能性。以日本为例，一些国内行业，如石油销售，就受到严格的价格控制。因此，各公司不得不在服务，而非维持偏高的价格上竞争。其结果是，到日本的加油站活像是到美容院一般，服务人员

---

① 科林斯残暴的国王，被判以永远将一块巨石推上海蒂斯的一座小山，而每当接近山顶时，石头又会滚下来。

簇拥着车子，把车子伺候得妥妥帖帖。再比较一下以价格为竞争的西方世界，你得自己给车子加油，而且让顾客干活的企业反而最受推崇。如果你看到闲散的年轻人，他们很可能是想打劫你，而不是帮你的忙，因为他们多半失业，也心怀嫉妒与憎恶。不过我们仍然通过缴税付钱给这些年轻人。

许多人喜欢日本的做法，也就是承认价格竞争应有适当的限度，这也合乎一个可敬社会的利益：更好，而不是更富有。我们无法在出口行业这么做，不过国内行业和公共部门却可以一试。调高国内的价格，提供更多的工作，似乎是公平社会一个合理的交换。但这种经营方式与传统的智慧背道而驰，因为后者赞成较低的成本与价格将产生更多的工作。日本最近改变了做法，为了刺激增长，决定解除对国内经济的管制。我们可以预见的是失业人口将随之增加，越来越多的日本人将无法为自己界定足够的标准，越来越多的嫉妒与暴力将会迅速出现。

被取代的危险

从更广泛的层面来看，一个社会如果分辨不出“足够”的界限，那么拥有优先权的人倘若把社会的财富据为己有，也将产生令人厌恶到极点的过度行为。埃德蒙·伯克说：“人类能够拥有多少言论和行动的自由，取决于他们能为自己的欲望设下多少道德限制。”

公司高级管理者赚得的薪水是员工的50倍，甚至是100倍的时候，很难不让人觉得这是对那些员工的侮辱。

“我无法以这个足够原则经营我的公司，没有人会想在这样的公司工作。”当一位总经理这么对我说的时候，我忍不住反驳道：“如果物质方面的贪念是人们选择加入公司的主要基础，那么你的公司一定是个死气沉沉的地方。金钱有时候不过是其他事物的替代品。”

我们无法将足够原则强加在一个社会之上。它是一种规范，而非法律。但是规范需要由精英分子订立，然后成为整个社会的风尚。今天社会顶尖人才所做的事，将是中产阶级明天仿效的内容，也是底层的人未来的憧憬。

如何给“足够”的薪水

我向来对报酬原则感兴趣。长久以来，这套原则为宗教组织沿用，企图向其人员保证绝对有足够的钱可供生活，使他们不再担心物质方面的需要，以便专心于他们真正的工作与职业。这套原则过去适用于所有的公仆，包括政治人物在内，但如今已受到腐蚀，部分原因是通货膨胀搅乱了原先的计算，另一部分原因是人们开始在不同的组织间比较“足够”的标准，而且大家心里也清楚，衡量的标准将会随时改变。

我父亲是位靠薪水维生的教区牧师。我们家并不富有，但也不至于饿肚子。金钱从来不是他这辈子做任何事情的衡量标准，也正因为如此，他这一生活得比较无拘无束。

不过，我们在生活中也可以自由自在地采用属于自己的报酬原则。自从我和妻子成为自雇工作者之后，每年我们都会定期坐下来思考需要什么以维持生活，这种简单的做法使我们不再想无止境地增加收入，所以也不至于一年到头没日没夜地工作。这也是每个自雇工作者的两难困境，因为没有人知道下一张支票会从哪里来。这种做法使我们得以腾出许多时间，因为一旦确定“足够”了，便不再需要，也不想花时间赚更多的钱。

我现在才明白，如果能把自己生活中“足够”的标准逐年降低，如果更常常说“不”的话，我会过得更自由自在。事实上，这条拒绝之路十分难走。市场经济学家可能不同意或是难以相信这一点，但是报酬原则确实使我们得以尽情去做我们想做的事。我们不必摆出一副苦行僧的样子，相反这种“知足”比报酬的观念更让人自在，而且仍然符合足够原则。

一个奉行足够原则的社会的首要任务，即是确保每个人真正有机会到达个人的最高水平，这样他们才走得下去。没有人说得出别人的水平应该在哪里。每个人必须自己做决定，不过，倒也不必和别人比较。某人觉得还不够的东西，其他人却可能觉得太多了。它取决于机会均等的风险：继续往前走的风险就是你或许会跌下去，不走的话，也可能丧失一个新的机会。要过低风险生活的人可以设定足够的水平，比较自由奔放的人则去发掘其他事物。我们希望每个人都能有这样的自由。

清教徒拒绝物质主义，他们的哲学是惜物爱物、修修补补，而不是丢了再买新的，他们的初衷是迫使自己培养出诚实与节俭的品行，其实这种做法却在许多方面使得其社会更富裕，也更公平。清教徒的方式或许值得我们效仿，哪怕足够原则仅仅减少了社会上一丁点的羡慕风气，也是不错的。如果这么做能使我们变得惜物爱物，不再花过多的精力去赚钱花钱的话，那就更好了。

诺福克岛的经验

最近我在诺福克岛（Norfolk Island）上待了一个星期，真是一次特别的经历。这个岛跟英国的诺福克没有什么关系，只是南太平洋上的一个小岛，从新西兰或澳洲飞过来要花2个小时，岛上有1 500名居民。要到那里去可没那么容易，既有悬崖又有珊瑚礁，降落更是难上加难。诺福克岛是个自给自足的小地方，虽说是澳洲的保护领地，但仍是个骄傲的独立国家，有相当不错的观光收入，每周有六七次班机飞往岛上。

由于不征收所得税，该岛吸引了两三位百万富翁前来落户，不过，矛盾的是，金钱在这里没什么价值，因为这里没什么好买的东西。所以连偷盗与入室行窃都不曾发生，家家门户大开，而且仅仅8公里长、5公里宽的岛上也不需要汽车。

在一个大家互相认识，而且多半有亲戚关系的岛上，地位也没什么分量。居民只做足以维持生活的工作，因为做更多也没意义。这个岛上的居民充分践行了足够原则。气候温暖舒适，海滩美极了。一切就是“存在”，不是“得到”、“拥有”或是“去做”。那个星期的我有如处于极乐世界。

但是再想一想，我不得不承认倘若在那里一直住下去，实在很令人不安。没有衡量成功的传统标准，我将不知道该拿自己如何是好。

“存在”可能变成“衰败”。成长与发展要是没有压力，甚至没有任何证明自己的机会，可能就太困难了。足够原则指的并不是放弃这个世界一切的活动。“存在”而不“去做”，即使不是不可能，也十分困难。这个原则要求我们向前走，而非向后退缩，它要求我们认清个人的成长不再是拥有更多的东西，因为我们大多数的人死命攀住舒适与熟悉的事物实在是太久了。

亲炙崇高的滋味

人生可能是一场跋涉，为了果腹而工作，也为了工作而果腹。我需要（大家也都需要）偶尔提醒自己，这世界是个非比寻常的地方，而人也可能成就非比寻常的事情。

英国工党领袖及政治家欧内斯特·贝文（Emest Bevin）曾针对战后的英国，提出“渴望的贫乏”这样的批评。而渴望的贫乏对不断探索人生所有的可能性而言，或许是致命的。除非想象力得到激发，感官得到唤醒，创意与问题也被激发出来，否则“足够”可能就意味着完全停止，而不是跃向更新的事物。德国哲学家康德说，除了美丽的大自然、荒野中的动物和满布繁星的天空之外，天底下还有人造的事物与特殊的时机，各种形式的艺术、节庆与盛宴、慷慨大度与勇气卓绝的行为、爱与牺牲，这些事物都提供给我们亲炙卓越与崇高的机会。我们若要找到心中的美好，当然要先到世上美好的事物之中去寻找才是，也不必老是记挂着美好的事物一定在外头，最可能的还是在自己身上找到。最悲哀的想必是那些终其一生都不明白这一点的人。

找寻属于自己的艺术

如果你身无分文，那么你恐怕便无缘亲眼目睹伟大的剧院、演奏厅或是博物馆中展示的真理与美。于是我们不得不做这个结论：市场不尽然是自由选择或民主的最佳保证。

然而，为了要让市场在运作良好的领域里继续奏效，我们就必须知道人生不仅仅是在市场中获取成功而已。那些在市场上拼尽全力却未能成功的人，若能明白有些东西是金钱也买不到的，将会比较能够容忍成功人士的财富。各种形式的艺术也提供了些许暗示，告诉我们还有另外一个更深刻的世界。毕加索说，艺术拂去我们心灵上的蜘蛛网。所有人都应该有机会沐浴那徐徐微风才是。

英国人把教育与医疗保障说成是每个公民的权利，因为我们喜欢把英国社会想象成一个文明的社会。在一个真正文明的社会里，权利应当包括大家皆有权享有足以激发我们想象力的一切事物。如果那些东西无法放在街上，就该让大家得其门而入。这样可以稍微弥补企业制度必然免不了的效率不佳，也能允许更多的宽容、鼓舞更多的创意与释放出更多的天分，甚至还可能变成不错的市场投资呢！但是最重要的是，艺术使我们得以正确观察自己的余生。艺术帮助我们向前迈进，使我们的奋斗似乎值得。

人生虽然起伏不定，但却不只是求生而已——生命可能是有一些辉煌灿烂的东西，也可以做出些许贡献让世界变得更好。我们因此有了个人的挑战，要在这一生中做出一番耀眼的成就。我相信这也是每个组织的挑战所在。

每个人都有属于自己的艺术。对我来说，剧院里演出的好戏是以强调的形式彰显一些人生值得思考的层面。有些人在电影或小说中找到不同的观点。一个人不一定要富有或有什么特权，才能创造出伟大的事物，或是拥有化腐朽为神奇的力量。英国剧作家艾伦·班尼特（Alan Bennett）在一篇散文中，描述了自己少年时代去听利兹的交响音乐会，之后再跟几位音乐家搭电车回家的经历。那些音乐家“就坐在那儿，看起来寒碜又普通，嘴里往往含着烟草，距离他们曾经弹奏的德彪西、沃尔顿与勃拉姆斯的世界隔了十万八千里。身着雨衣的普通中年人，却可能是崇高事物的传播工具。这种对比给我上了深刻的一课”。

说音乐家是“崇高事物的传播工具”并不为过，因为这些普普通通的人总是能够把周围人们的世界向上提升一两格，创造出另一种美好感觉的因素。这种美好感觉不需要钱，只是一种心态。和那些音乐家们一样，我们都可以做一些激起别人想象的事。我相信，我们的特权不仅是作为崇高事物的传播工具，它其实更是一种责任，这要比一边望着存款簿里的数字，一边纳闷人生是否仅止于此要有趣多了。

不　朽

除非你相信灵魂转世，否则，人类在这世上只能活一辈子，但却有可能在身后留下一些脚印，因而达到一种不朽。虽然享有这些身后之物的将会是后辈之人，而不是我们自己。我们的天赋具有多种形式，但却各有千秋。

一旦想到我们已经在时间的刻度上留下难以磨灭的记号，就得怀抱着与众不同的大志向，期望自己改变与成长。因为只有这样，我们才能在别人的心里继续活着。对许多人来说，他们抚养的孩子就是最好的遗产，是留给人类的礼物。对另一些人来说，最好的遗产是他们的工作，或是他们所创建的企业。还有一些人，则是被他们救活的生命，或是因为他们而改善的人生、教导好的孩子或是治愈的疾病。到最后，一个人与一个社会若是让人怀念，一定不是因为他们怎么赚钱，而是因为他们怎么花钱，这个想法真会令人为之警醒。

我们在这个世上留下的痕迹，是唯一可以确定的、暂时的不朽形式，也是我们最后找到自己真正身份的地方。

如果德加泉下有知

有些贡献发生于人生的早期，有些则晚得多。我们可以从法国印象派画家德加那儿得到安慰。他是在一般人正常退休的年纪，才画出最动人心魄的画作的。这些作品都是因为他觉得自己是个失败者而画的。德加60岁的时候回顾自己的人生与工作，觉得根本一事无成。他的印象派艺术似乎已经不再流行，这会儿对他来说，不过是昙花一现、浪费油彩而已。他不再拥抱生命，只是退缩到画室里，终于决心创作一些特别的东西，不是画给别人看，也不是画给人买，而是只为自己而画。他83岁过世，人被逐出画室，眼睛也瞎了，既寂寞又沮丧。只有活在后世的人才有幸得见，他在生命的最后20年里，创造了多么充实而辉煌的成果。

你不必等到60岁，也不一定得是气质特殊的艺术家，才能回顾你的人生，并且怀疑是否白来了一趟。纳尔逊·曼德拉就亲眼看到他奋斗一生的梦想得到彻底成功，但他也在自传里提到，在蹲黑牢的岁月里，他有时仍然不禁怀疑如果只当个平凡的律师、待在家里守着妻子与家人，会不会过得更好。

但是，我们既不能评断自己的人生，又不能期望有生之年得到任何定论。德加若是看见仰慕的群众围绕着争睹他生命后期的画作，肯定是惊愕莫名。他的作品给我们带来震撼，他的故事更是启迪人生。

第 7 章

Chapter Seven

照顾他人的需要

The Necessity of Others

我的桌上放了一幅梵高的复制画《鸢尾花》(*Irises*)。在一大束鲜艳的蓝色鸢尾花中间，他画了一枝白色的鸢尾花。“那就是我，”我第一次看见这幅画的时候想，“我是人群中一个寂寞而独特的人。”现在我把那枝白色鸢尾花视为适当的自私的象征，一枝卓尔不群的鸢尾花，没错，但仍是一枝鸢尾花，是一个群体的一部分，也因周围的一切而更凸显出自己的个人特质。单独一枝白色的鸢尾花将毫无意义，就因为它是周围的一部分，但又与众不同，才变得举足轻重。正如荣格所说，“我”需要“我们”才能做真正的“我”。因此，最近的一份调查结果实在很令人不安，居然有63%的美国人宣称他们对其他人漠不关心。这意味着他们可能会错失一些东西。

我曾说过，真正的个人主义必然跟社会有关。不过“社会”二字所指为何，以及我们与其他人的关系是什么或应该如何却并不明显。

这也是几千年来一直困扰人们的问题，因为我们跟世上其他人和事物的关系，即是所有道德与伦理问题的核心所在。是非观念只有在他人侵犯到我们，或是我们侵犯到他人的时候才有必要被讨论。除非知道自己与他人有什么关联，否则我们不会晓得应该如何应对。对亚里士多德与孔子而言，这一点是显而易见的。我们来到这个世界，属于家庭、社区或国家的一部分。不管喜欢与否，我们对这些团体都有义务。更重要的是，为了彻底做自己，我们需要它们，因为要是没有周围的人和事物让你练习这些美德，你又怎么可能变得善良、亲切或是德行出众呢？只有神才能做得成一个彻底自给自足的人。既然我们都不是神，为了完成自我，就需要其他人的协助。

施舍与小费

我们天天都有足够的例证以支持古人的说法。利他主义与慷慨大度，怜悯、和善与无私都是我们珍视与仰慕的美德，并且把具有这些德行的人视为好人，也希望促进人心向善。为什么有人省吃俭用让孩子过得更好？如果乞丐并没有威胁到你，又干吗施舍？既然，你再也不会去那家餐馆了，何必给侍者小费？但我们都在做这样的事，甚至是一些很难以理性去分析的事，唯一合理的解释就是这源于我们对他人感同身受的能力。有人说道德源自于同理心。有的人甚至指出，就因为我们能够感受他人的不幸，我们才有别于动物。为他人所做的善行，激发出我们最好的一面。

英国哲学家霍布斯（Hobbes）说，人类生来只有一个基本权利，就是保护自己。其他的一切都值得商榷。但是，如果承认一个包括社会在内的基本契约，每个人都必须服从一定的规则，而且别人也都这么做的话，倒也蛮有道理的，否则大家时时刻刻都以斗争求生存，岂不是退化到了自然的原始状态。因此我们与他人的关系（即使是与我们家人的关系），在我们长到足以为他人着想的年龄，便成为一种契约关系，一种相互的协议。虽然世世代代以来都是如此，但重新签订协议的可能性总是有的。传统开始于权利，而非义务，更不是恻隐之心。

我们需要打定主意，究竟要相信两种传统中的哪一个？因为我们一辈子都与他人生活在一起，一起工作。通过人与人之间的互动，我们才顺利成长或是没有长进。人生很可能是个自我实现的预言，要是你认为他人不值得信任、不正直或是只关心自己，就像霍布斯一样，他们往往会证明你料事如神，你自己的所作所为也脱不了这些范畴。如果你相信别人基本上都是正人君子，那么他们很可能也会如你所愿。适当的自私要求我们与古希腊人站在一边，不过，我们也应当实际一点，认清有些人仍是霍布斯的信徒。

在人与人之间的互动愈加频繁之际，问题也紧随而来。我们所做的每一件事几乎都会影响到他人，无论是汽车造成的污染，还是我们买哪台电脑的决定。国界无法控制夹带酸雨的风、金钱的流动或是因特网上的信息。我们不可能遗世独立，或是假装自己不会影响他人，也不受他人影响。

“连通性”是迪莫斯公司（Demos）的杰夫·摩根（Geoff Mulgan）为这个新时代所造的新词，他认为这个时代的大问题是：自由与机会向人群蜂拥而来，但我们是否能够把它们和必要的相互依赖结合在一起？接着，他继续发问，我们是否已经注定避免不了一场标准的悲剧，我们对自由的爱，却毁了相互依赖的能力？身价亿万的金融大鳄乔治·索罗斯在《大西洋月刊》发表的一篇文章中这么说：“除非我们认识到‘承诺’应该比‘特殊利益’更加重要，否则如果世人一味追逐私利，我们现有的制度很可能为之瓦解。”

互相的利他主义

也许我们需要的只是一点小小的鼓励，让我们天性中较有创意与利他的一面有表现的机会。的确，我们的基因是自私的，因为它们寻求的是自身的永恒，但就为了达到这种永恒，那些自私的基因或许也会鼓励其主人为它们的同类牺牲，甚至为它们而死，好让后代存活下去。这些自私的基因也认识到好心有好报，做些有利于邻居的事也是很有道理的——这就叫作互相的利他主义。

如果我们退后一步来看看自己，就可以在自己的行为里发现许多例证。我们为子女牺牲，也准备为一些对自身没有立即或直接报偿的理想而奋斗，甚至付出生命也在所不惜。我们不会去做一些合理不合情的事，诸如等老人家一旦停止贡献的时候，就把他们推到地洞里之类的；我们也不会杀掉伤残、病痛或无用的人，虽说他们在分享我们所创造的社会财富。我们似乎并不想活在那样的社会里，不只是因为生怕发生在别人身上的事，有一天也会发生在自己身上，还因为适当的自私让我们十分清楚，若要为后代创造一个较好的世界，就应该投资在他人身上。为自己的“需要”设限，为“足够”下定义，留下更多的空间照顾他人的需要，这些都是为了我们自身的最终利益。这么做其实也是我们人性的一部分，这一点应该对我们有所激励。当利己主义与利他主义混合，力量可是很惊人的。

适当的自私要求我们做自己，但同时也得了解到，别人一样有权利做合乎适当自私的事。如何在这个两难之间求取平衡？唯一的可能即是，我们了解自己唯有借助跟他人共同生活与工作的历练，才可能彻底发挥潜能。早期基督教会的领袖，5世纪的圣奥古斯丁说得好："一致存于本质，自由存于非本质，慈悲存于一切。"

与他人挤在一起

我们今大或许要为自己负责，但却不像一些人以为的那样孤独。大家互不信任，不对他人吐露心声的原子化社会的画面实在是太夸张了。大多数的人（在英国是70%）仍然生活在一夫一妻制的家庭里。至少在英国，家庭制度距离死去还早得很。英国社会态度调查显示，只有9%的人从未见过尚在人世的父亲，只有3%的人未曾见过仍活着的母亲。1/3的人曾在过去5年里定期照顾双亲，只有1/10的人不同意“尽管我们和亲近的家庭成员之间毫无共同之处，也应该常常保持联系”。只要仍能保有自己的空间，我们似乎喜欢挤在一起。

如果我们希望找个地方多了解自己，家庭应该是首选。尽管家庭时常让我们失望，但仍是学习人生最好的学校。理由是很有趣的。要学到课本里找不到的东西，你就需要做实验、犯错、接受批评，然后再尝试。无论你是学骑自行车，还是开始创业，“实验→批评→新的实验”这个循环总是少不了的。倘若犯了一个真正的错误，你却有把握一定可以从一个时时刻刻把你的利益放在心上的人那里得到原谅，而不会得到批评或负面的回馈，那么，你就是得到了“无条件的正面关注”。

做父母的很了解无条件的正面关注是什么，尤其是在孩子还小的时候。他们简单地称之为“爱”。孩子如果处在一个爱的环境里，将会发展出不可思议的韧性。反之，很可能受到一辈子的创伤，因为他们在情感上没有安全感，而这种安全感只有借助爱的经验才培养得出来。有人指出，英国70%的青少年犯罪是由身受“注意力缺乏症”之苦的年轻人所犯下的。一个缺少爱的人，自尊心将会荡然无存。

组织中所谓“评估访谈”（appraisal interviews）的价值实在令人怀疑。原本是一番好意，打算为过去的绩效提供有益的反馈，并给予改进的建议，结果几乎总是演变成接受评估的人既生气，又觉得不受赏识。没有人喜欢受到批评，应付别人批评的最好方法，不是否认其言之有理，而是愤愤不平地质问：“你的证据是什么？”要不就是降低我们对评估人的评价，这样一来，我们就不必把批评看得很认真了。倘若我们采用其中任何一种防御策略，那就什么学习机会都没了。我们在这个过程中也会拒绝批评，丧失我们对组织的尊敬。这种组织的评估制度到最后往往除了挫伤士气，什么也改变不了。

多年以来，我发现自己每周仍然需要至少一次的心理“抚慰”，需要有个人说“好极了”或是“你这件事做得很漂亮”。任何批评者都成了我的敌人，虽然不是一辈子，也至少要到下一次对我有较为有利的评论为止。演员需要有欣赏眼光的观众，以及每晚至少两次的谢幕要求。“而你公司的员工，一年才得到一次心理上的抚慰，你认为他们如何生存下去？何况，其中还包括出于善意却充满批判的评论？”我这样质问管理者们。我们的自尊是很脆弱的东西，再怎么假装也骗不了人。一旦自尊受伤，我们就再也听不下去了。

爱的安全网

另外，一些针对跨国企业管理者所做的研究显示，最能应对变革的人，正是那些幼年时承受最多改变的人，他们不断从一个地方搬到另一个地方，从一个学校转到另一个学校，但总是生活在爱的环境里。有了爱的安全网，孩子可以接受任何发生在他们身上的事，因为他们知道，这样也没什么不寻常的。人在年幼时似乎越是暴露于现实生活中越好，不过先决条件是我们拥有无条件的正面关注。

可悲的是，并非所有的家庭都能提供这种正面关注。有些人甚至视其为软弱。我认识的一个家庭就很让人不敢恭维。那一对父母自认在扮演子女的老师与纠正者的角色，即使在孩子成长期间也是如此。儿子刚刚经过三个月的旅程回到家，父母亲没有给他一句他所期待的欢迎词，却呵斥道：“瞧你衣服脏的！”还有一些父母认为，只要孩子有任何行为与他们不同，就是反常。对这些父母而言，学习就是模仿他们与他们表现的方式。有些家人互相不喜欢，或互不关心。这类家庭里的孩子为了成长，可能需要逃离家庭。悲哀的是，他们若要完全做自己，就必须学习接受他人的需要。

作为学习的正式机构，学校里的情况应该好些吧？其实不然。教过我的老师中，只有一位曾对我付出正面的关注，而且也不是无条件的。没有了正面关注的安全网，我们在为自己辩解的时候，会变得防御性很强，而且七躲八闪的，不肯全盘托出。任何通往了解自己潜能的路径于是为之阻塞。人生可能不过是周而复始的旋转，一段毫无意义的长途跋涉。自私于是成了一种自我纵容，一种摆脱无聊的方式，一种对毫不诱人的前程的充分利用罢了。

我到现在已经换了四家企业，每次离职都是自愿的，或是如有些人说的，在被扫地出门之前先走为妙。每一次都是一步跨入未知，每一次也都为了新的经验而牺牲一些财务上的保障。事后看来，每一次的选择都是对的，因为它展示出我的另一面。然而当时所冒的风险，似乎总是大于报酬。幸好我妻子能以正确的眼光看待这些风险，她比我更早看出吸取新经验才是明智之举。由于我知道她对我有正面的关注，所以我才听她的。

不是每个人都这么幸运。无论家庭如何组成，仍然与每个人关系甚大。人们依旧渴望永久的伙伴关系，爱依然是问题的核心。为人所爱，感受到真正的关爱之情，是了解自己的最佳基础。这样的爱也并非无可挑剔，或是无所要求的。其实，要求越多、期望越是明确，越是有益于我们的学习，只不过前提是爱的意思相当于无条件的正面关注。英国哲学家及经济学家约翰·斯图尔特·米尔（John Stuart Mill）将家庭描述成一个同情、柔情与因爱而忘我的学校，这种说法可能稍嫌乐观，不过家庭的确仍然是我们现有的最佳的生活跳板。

爱与责任

“爱”确实关系重大——但相反的是，爱的付出与相关的责任也一样重要。我在前面曾提到，自尊来自于责任，于是另外一个矛盾又出现了，我们只有在学会为他人负责的时候，才有能力为自己负责。这或许就是为什么家庭很重要，不只是为了孩子，对父母也是如此。

我还记得头一次当爸爸的感觉。我在女儿出生后几分钟看见她——那是一种奇怪的情绪，既为了她的完整无缺而感到惊愕莫名，同时也因为以后的日子可能碰到的各种状况而深感恐惧；我们没有育儿经验，却从此得为自个儿创造的新生命负责，而且将达漫长的20年，直到她开始追寻自己的白石头为止。她改变了我们的生活，而且改变的不只是逻辑上的各个细节，也使我们思考人生与未来的方式为之改变。我想我们夫妻俩在一夜之间长大了。

我们每个人偶尔都会想谈个不负责任的恋爱，我们在电影或书里常常看得到这种爱情。两颗心这样的交会可能只有一阵子的趣味，但是如果任何一方不再觉得好玩的时候，爱情也就褪色了。不负责任的爱无法激励人去认真探索人生，因为你对另一个人的人生根本没有责任感。这是休闲式的爱，而非关乎生命的爱。这两种爱情是很不一样的。我们为了自己，必须分辨得出这两者之间的不同，否则再多的山盟海誓也不过是空话罢了。

要达到适当的自私，所面临的最大障碍可能就是缺少可敬的爱，也缺少与这种爱不可分割的责任感。其实大部分现代人的青春期往往一直延长到35岁，甚至将近40岁，这也成了把爱当休闲的借口之一，如此一来，一方面可以逃避对任何人或任何事的责任，另一方面也延缓了我们对真正自我与人生意义的追寻。

当然，责任不仅仅来自于爱。工作往往会培养出对他人的责任感，不管是你所教的孩子、所照顾的病人、工作组织、顾客、需要完成的工作还是所组织的项目计划。我第一份真正的工作即是担任婆罗洲一家营销公司的经理，负责管理120人，而且没有电话可以联络新加坡总公司。这在我发展自尊的过程中真是一大步。说实话，当时我真的很缺乏自信。派我过去的上司觉得过意不去，因为我的上任十分紧急，根本没有时间接受培训。当时他甚至这样对我说："这样吧，我想咱们不如一起上教堂祈祷一番！"虽然后来我们并没有真去，但我明白他的意思。从那以后，我就得靠自己了。

如果没有爱和工作，生活可真有点儿可怕。如果这种情形举目皆是，真可说是我们现代社会的耻辱。国际劳工组织公布的调查结果显示，全世界有1/3的工作者目前失业，或是只有部分时间在工作。适当的自私要求我们设法解决这个问题，要不然我们将得说服自己开心地生活在四处皆是弃民的社会里。

与他人合作

想象一个全是网络上班族的世界会变成什么样子吧，所有人的眼睛紧盯着屏幕，孤单地待在家里或是工作地点，街上看不到一个人，人们也不相互碰面。人如果太孤单了，就会失去效用。套用约翰·奈斯比特（John Naisbitt）[①]的话："高科技永远都需要借助高科技取得平衡。"我自己就曾说过，组合式工作是许多人未来的工作方式，尤其在人生的后半段更是如此。不过，自雇工作者在可见的未来，也不太可能超过工作人口的20%，而且即使人家把你归类为自雇工作者，你也难以独力维生。你总是得与人合作或是为他人工作，解决他人的问题。如若不然，你也将迈向破产。

组织正在解体之中，不过事后它们重新组合的方式却不尽相同。为了把大多数的工作做好，我们仍然需要各种技能与人才。今天的企业类似于建筑工地的围篱，围篱上列出一大串承包这项工程的公司与个人的名字。然而这些公司仍需要管理，而且正如组织所发现的，管理公司之外的人虽然便宜许多，但却困难好几倍。具有讽刺意味的是，我们越是独立，越是自动自发，也越需要学习与他人合作。只不过我们与他人合作的时候，多半连对方的面也没见着，或是见面的机会少之又少。

---

① 世界著名的未来学家，其1982年的作品《大趋势》（*Megatrends*）曾是风靡全球的畅销书之一。

信任可以治好审核狂

信任是合作的核心。这一点似乎明显而且老套，但多数组织却倾向于假定人是无法信任或是不可依赖的，即使在芝麻绿豆的小事上也是一样。无论是出于意外还是故意，这些制度是为了防止任何人做错事而定的。有一天快递公司的投递员找不到我们偏僻的小屋，于是他打电话回公司，公司又打电话向我们问路，结果他居然就在附近。但是在一连串的通信当中，有个很重要的问题忘记讲了。于是他又打电话给公司，公司又打给我们，这一回却是问我们是不是养了一条恶犬。等到投递员和他的车子到了，我们忍不住问他，如果直接打电话给我们，会不会比较简单，也不至于那么麻烦。“我们不能这么做，”这位投递员摇摇头，“因为公司不会退还我们花掉的电话费。”“可是，只有几便士而已。”我说道。“我知道，”他说，“这不过表示公司多么不信任我们。”

显而易见的是，这种态度指的就是制度的种种附属物——审核以及查验审核的人。有些评论家曾说，这种被称为“审核狂”的习惯乃是一种使社会受到感染的病毒。这些评论家认为，之所以如此，是因为人们深信任何行动都是依照自己的眼前利益为准则。这也很快就成为一个自我实现的预言。“如果他们不信任我，我又何必费心把他们的需要放在第一位？”这么一来，责任感变得不再必要，而没有责任感就没有自尊心、没有归属感。但另一方面，一个人要是没有一点奉献的心，也就不会信任别人。要想专精于你的工作，甚至成为个中翘楚，仅仅如此是不够的，因为我们无论如何都不得不与他人合作，而这就需要相当程度的互信才行。

团队与个人

让老鹰成群飞翔绝不是一件容易的事，但生活好比同在一条船上：一个明星无法组成伟大的团队，除非这个明星有心为共同的理想与目标奉献自己。团队若要赢得胜利，个人就必须放弃自己的偏好与骄傲。只有大家在乎共同的目标时，才可能如此。倘若理想没了，或是太过注重现实，我们也不难理解为什么有人忍不住追逐私利，因为这样的诱惑往往令人难以抗拒。

不受约束的个人主义势必腐化整个国家，导致人们只注重权利，却全然不顾义务或责任，从而衍生出不信任与嫉妒。如果我们可以随时离开家庭，随意忽视或侮辱邻居，把组织视为个人的踏板，并且只跟将来可能对自己有用的人交朋友，不再有用时就任意丢弃，那么这项“社会资本”将惨遭腐蚀。而有越来越多的人发现，一个成功且繁荣的社会，正是以这种社会资本为基石的。

贿赂买不到持久的忠诚或是牺牲的决心。“我们最好的工作人员都是义工。”微软公司说，义工都是一些千万富翁，他们再也没有为钱而工作的需要，让他们继续工作的动力是其中的刺激与挑战。

寂寞高飞换来的奖赏是否值得？如果朋友只是人脉，他们也可以在你不再有用的时候抛弃你。不做承诺的人等到自己有需要的时候，也得不到他人的承诺。

与他人的关联

弗朗西斯·福山（Francis Fukuyama）[①]在他讨论信任的一本重要著作中，把信任扩及组织以外的领域。他说，社会的繁荣依赖信任的关系，而且这种关系涉及家庭与组织。

法国政治家托克维尔（Tocqueville）在150年前观察美国的时候就对其个人主义表示了担忧，他说："个人主义一开始只是逐渐损坏人民生活中的德行，但长久下去，它将侵袭且破坏其他一切美德，最后变为不折不扣的自私。"他深信人们相互结交的网络（俱乐部、教会、学校、社区团体等）在对抗个人主义与限制其潜在的破坏力方面，扮演着重要的角色。这就是美国如罗伯特·帕特南（Robert Putnam）等作家所担心会遭到腐蚀的"社会资本"。以我的话来说，在一个允许个人主义变得如此明显的社会里，自私已经不再是"适当"的了。

美国富裕的原因，是它的人民仍然愿意信任或是依赖具有同样价值观和信念的外人，因此是一种较为缓和的个人主义。也因此，美国社会存在着一种矛盾，既有非常个人主义的道德观，又结合了遵奉传统的素养。所有的人都侃侃而谈自己的个人特质，但却穿着完全相同的服装，吃着一模一样的食物。美国曾是（也仍然是）一个宁愿信任人民的相互联结甚于政府的社会。美国人认为他们有一定的权利，但

① 日裔美籍学者，社会分析学家。

也接受某些公民应尽的义务。美国的地方自治比任何国家实行得都更为彻底，而宗教道德法规在美国人日常生活中所占的地位，也比其他欧洲国家更为重要。若是以社区的“信心”而论，信任一度很高涨，现在或许仍是如此，不过这会儿似乎不论穷人富人，都已经有信心降低的迹象，其不同的价值体系也随之降低。

人际网络的扩张

除了亲人与朋友之外，我们很快建立起其他类型的家庭：社交网络、专业方面的同僚、知识工作者的“圈子”、热心者的俱乐部、运动爱好者的团队、热心公益事业的委员会。如今在这些“利益社区”之中，很多人利用电脑上网聚会，而不再上俱乐部了，这些新类型的左邻右舍，甚至比许多人生活中真正的左邻右舍还要重要与亲密。人类是互相需要的，他们大半时候也会找到同类。这些社区使我们能够真正表达出对他人的关怀以及自身所需要的归属感，原来除了自己的小巢之外，我们需要归属于一个格局较大的东西。在这当中，信任与承诺相互抗衡。没有承诺，就不可能有信任。

学校与社区

家庭有各种不同的类型，我们遇到的首先是血亲家庭，而家庭的概念会因进入学校而扩大。我们正是通过这些早期的团体去看这个世界的。小孩子相信世界就是大人们所说的那样。在孩子逐渐长大的时候，就需要更多可以选择的榜样，因此他们应该尽可能接触许多不同的团体与组织。在我离开大学之前，除了我的父母、父母的朋友和我的老师之外，我从不认识任何其他大人。虽然我的世界十分舒适，但它仍然只是一个局部的世界。其他的世界并非那样舒适、那样可敬，然而为成长期间的年轻人订立规则与法规的，却是那些世界里的大人。

劳伦斯·斯坦伯格（Laurence Steinberg）曾做过一项关于美国的研究，称为“教室之外”（Beyond the Classroom）。他观察了2万名美国高中生的学业成绩，得到非常令人信服的结果，证明亚裔学生的成绩优于其他团体，其原因不在于任何遗传方面的差别，也不是父母照顾得较好，而是因为团体的标准与价值观所致。根据斯坦伯格的说法，黑人学生并不真正相信学校成绩欠佳会对日后成功的机会有所妨碍，而亚裔学生则比较害怕失败的后果，于是产生用功读书的强大动机。因此斯坦伯格的结论是：亚裔学生生活中的某一种东西保护着他们，即使其父母并不称职也无所谓；而黑人学生生活中的某一种东西，却逐渐破坏了父母参与的正面效果。

因此，社区或是类型不同的“家庭”成了社会上强化道德的权杖。它们失去作用的时候，法律就必须填补中间的缝隙。然而法律使用起来别扭无比，昂贵不说，还总是亡羊补牢。我们若想学习生活规则，就需要与他人发生自然而不拘礼仪的关系。当然，我们也很可能会发现某些“家庭”，比如黑手党的法规或许与善良社会相互违背。这一直都是大家最不希望见到的结果。

建立自己的“家庭”

假以时日，我们将学会建立自己的“家庭”以及属于它的特有的规则和支援机制。生命中若是少了它们，将是一片虚无。我的一位朋友长年以来与一位名叫西蒙斯的人保持书信往来，她说，他们刚刚开始通信的时候，此人在牙买加被判死刑。如今她带了几分骄傲地说，他已经到感化院了，而她仍然在国际特赦组织与联合国两方面进行努力，想让西蒙斯获得释放。我想她大概从来也没见过西蒙斯的面，但却把挽救他的生命当作自己的责任，她等于给了他所需要的无条件支持，她个人的梦想也因此得到更多实现。

我的一位表姐去世的时候享年95岁。之前的10年，她一直躺在床上，倒没有什么严重的疾病，只是身体衰弱而已。她未婚，也没有亲密的家人。从表面来看，她的生活似乎毫无意义。但在她的葬礼上，却出现了老老少少60多人，有些还是从大老远赶来的。原来她是个很擅于写信的人，多年以来，一直和各个不同领域的笔友维持着书信往来。她创造了自己的家庭，看来，她的生命并不像外表那样只是个空壳而已。

TOWARDS A DECENT SOCIETY

第三部分

迈向可敬的社会

导读

本书第二部分的观念既适用于社会中的组织，也适用于个人。社会若要变得可敬，就必须从头来过，而公司是社会的关键组织，更需要重新思量。教育也应该重新设计，使每个人都有担负起更多个人责任的心理准备。政府需要把责任还给人民。唯有如此，我们才会觉得生活与社会是靠自己亲手塑造的。如果这种情形真的发生了，我们的价值观才可能主宰事物运作的方式，而非反其道而行之。

第 8 章

Chapter Eight

更好的社会

A Better Society

对一切采取放任的态度，有时并不能得到最好的结果。没有人应该为其他任何人负责。这是不适当的自私，很可能导致自我毁灭。

奉行适当的自私的公司将成为一个可敬的社会的基石。这样的公司对生存与成就付出适当的关心，但也会努力成为内在导向，试着去表达它们的个性与信念，而不仅仅是其所有人的工具而已。这些公司将永续经营视为目标，并且希望以此作为报偿。公司是社区，不是财产；公司视其员工为公民，也认为他们拥有公民应有的一切权利。公司更了解自己需要一种大众的认可，才能在员工的社会中运作，而在那里，公司自身也算是公民。这些改变需要的是态度，而不是订立新法律。只要下定决心，我们也可以促使这些改变发生。

永续经营的特权

企业总是习以为常地声称，其目的在于创造利润与提高水平，或许更冠冕堂皇的说法是，企业为的是增加股东的价值。利润是生存的根本，而我之前已经谈到生存对企业以及个人而言，是迈向实践的三步骤的第一步。即使我们把生存视为第一优先，仍然摆脱不掉一个问题，即：企业究竟为了什么而生存？如果一个企业无法回答这个问题，那么在外人眼里，它的存在价值仍然值得怀疑。企业的所有人与管理者会把它当作他们的工具，认为它没有属于自己的性格与目标。

但是最近，情况已经有所改变。现在越来越多的企业开始宣称“为顾客而努力”，不仅是为了股东，也为了产品品质的卓越，开始有一丝丝崇高的意味了。这也就是说，他们希望公司即使不能长长久久，也要持续经营下去。

百年企业

企业与其他组织具有一种人类所没有的特权——它们不一定要死。它们可以活得比人类长得多，而且即使无法永垂不朽，也确实能够以无止境的未来为目标。三井公司与我的母校牛津大学都已经超过600岁，而且老而弥坚。天主教会更是年代久远。荷兰王家壳牌石油集团在创立百年之际，曾环顾周围的同业，发现分布于欧洲、日本与北美地区的公司中共有30家历时100至700年不等，如西门子与杜邦两家公司。瑞典的索拉公司（Sora）自中世纪存活至今，安然度过了宗教改革、17世纪的战争、工业革命与两次世界大战。

多数企业做不到如此，它们要么死得理所当然，要么被更大更好的企业所吞并。因为要活那么久，不但需要知道自身代表了什么，核心价值和存在的理由是什么，还需要时常改变所做的事与做事的方式。虽不必然要变得更大，但至少要变得更优秀，而且必须怀抱着源源不绝的热情，而这些正是历史悠久的公司永续生存的关键所在。壳牌集团的格斯（Arie de Geus）形容这些公司为河流公司，它们总是不停流动，不像小水坑公司，很快就蒸发消失。到这里一个问题终于浮现了：什么才是核心价值？检视历史，这个问题若是回答错了，将给组织带来重大灾难。

企业的白石头

美国人越来越爱谈论“灵魂”（soul）与组织的性格。他们所谓的灵魂，指的是精神（spirit）与充斥于工作场所的气氛，一种比结构、制度或是财务报酬更重要的东西。愤世嫉俗者可能会挖苦地说，乔治三世的财政大臣瑟罗男爵（Thurlow）早在200年前就说过：“你怎能期望一家企业有良心呢？你难道不知道，企业既没有会被诅咒的灵魂，也没有可供人踢踹的身体？”然而时代毕竟是在进步的，除非组织既有灵魂也有良心，否则就不应该在现代社会中占据一席之地，更不应该得以长存。换句话说，组织也需要找寻它们自己的白石头，也应该知道它们执著的目标是什么，因为它们也怀抱着渴望的心灵，也在奋力寻找生存的意义。

美国作家迪安·贝里（Deam Berry）说："如果我们希望得到心灵的酬劳，就不应该容许自己的生活遭到分割、区隔，或是被胡乱贴上标签。"新一代的上班族很想把他们完整的个性一起带到工作的组织中去，他们希望觉得自在，并且跟组织的目标与价值观一致。网景公司说："唯有真正想要工作的人才会这么卖力工作；唯有拥有足够自由，可以做自己想做的事的人，才是真正想要工作的人。网景公司就是这样一家刻意减少管理的公司。"这和微软的"义工"颇有异曲同工之妙。

诸如网景和微软这样的公司都是由"精神"聚合在一起的，一旦失去精神便会成为一盘散沙，树倒猢狲散。"精神""灵魂""风格"这些词已经被提得太多了，不能被忽视。语言往往预示着改变。

一个成功的企业必须确保它的灵魂、风格或者说本质的寿命比它的游客即一般的员工更长。企业必须以永续经营为目标，即使这个梦想很可能永远无法实现。《财富》500强企业的平均寿命只有40年，它们怎么竟然敢说自己能为员工提供50年的职业生涯呢？

E元素

"灵魂"一如美丽之类的概念，每当你想为它下定义的时候，它就消失得无影无踪；但也和美丽一样，遇见的时候，一眼就看得出来。组织本身有一种感觉，一种让来访者一踏进它的大楼就能呼吸到的感觉，而且往往只需接触在那儿工作的某个员工就能感觉出来。其中充满了我们称之为E元素的物质，“E”代表了能量（energy）、热诚（enthusiasm）、努力（effort）、兴奋（excitement）、卓越（excellence）等等。不只如此，大家说起话来，总是说“我们”，而不是说“我”。此外，这个组织就像正在进行着某种社会公益事业一样，工作不只是为了金钱，更是为了某种更伟大、更值得为之鞠躬尽瘁的使命，心甘情愿地为其付出才华和时间。

企业与个人的灵魂相契合，就会释放出这些E元素。倘若无法契合，工作与生活都将乏味至极。戴维·怀特（David Whyte）在一首诗中说得十分贴切：

> 这能量总在心中闷烧，
> 若是不曾点燃，
> 身体将会充满了浓烟。

组织若是禁锢个人的灵魂，任其闷烧而不把它点燃的话，组织本身将充满了浓烟。这样不仅没有效率，也极不恰当。我们在工作和休闲当中，都需要机会去发现关于自己的一些真相。倘若今天我们对年轻人在动机方面的认识是正确的（他们的确想要钱，但是赚到钱之后，他们也希望有机会运用他们的头脑和控制自己的时间，以及表达自我的自由），那么任何组织若仍旧是个禁锢灵魂的牢狱，不久也将失去最优秀的青年才俊。

人才离职的原因

有一次，一家国际咨询公司的资深合伙人跑来向我求答案。据他们所说，公司招募了一批国内最优秀、最聪明的人才，但两三年后，这批人却纷纷要求离职，这令他们困扰不已。“奇怪的是，他们离开之后，并没有为了钱或是资历跳槽到我们的竞争对手那里去。我是说，他们如果真的那么做我们倒也理解，但问题是他们竟然纷纷投入了一些奇怪的行业，或者只是背起行囊去世界各地游历个一两年。”

“你们有没有问他们为什么离开？”我反问道。

“我问过，可得到的回答多半是自己不适合这份工作。”

我告诉他们，那些年轻人可能已经发现了自己的当务之急并不符合组织的目标，而过去忙于工作的日子并没有给他们表达自我的空间。换句话说，他们追寻白石头的路被堵住了。

我看得出这不是这家公司想要的或是弄得懂的答案。对那些资深合伙人而言，生命的精髓在于他们的工作，那正是他们的灵魂真正安歇之所在。然而，适合他们的工作或许并非适合所有的人。组织若要存活下去，心灵就必须相互契合。成立于英国牛津的乐施会（Oxfam）的一位资深经理曾告诉我，不断有年轻人放弃咨询公司或金融单位的高薪工作来此求职，他们追求的是为自己所信奉的理念而工作。

新 的 资 产

随着无形资产，也就是那些在资产负债表上看不到的东西——品牌、网络、商誉、专业技术以及核心竞争力的增加，关于无形资产的问题也变得格外需要重视。虽然从前高层管理者们也时常谈到人才有多么重要，但现在他们是真心的了，因为这牵涉到财务方面了。

无形资产的价值只能借助扣除法确定，这使得衡量这些资产的价值格外困难，但难以衡量并不表示它们不存在。经济合作与发展组织（OECD）估计，发达工业社会中如今有超过一半的财富来自这类资产，而且现在每10个新工作机会当中，知识工作者就占了8个。虽然账面上仍然把这些工作者归于成本，但是大家都知道，他们是任何企业中最举足轻重的一项资产。统计数字再一次跟不上现实，把大家都弄糊涂了。

在投资银行、广告公司或咨询公司之类的组织里，除了这些无形资产之外，公司几乎一无所有。办公大楼是连同电脑一起租的，车子也是租的，甚至连踏脚垫都已经磨损。如果任何人买下这家公司，他们买的就是客户名单、一些产品品牌，或许还有一些研究结果，最主要的是买下一个希望，希望过去在这儿工作的最优秀的人才，能够留下来为新企业继续效力。你当然可以为这些东西标价，但却无法真实地拥有它们。你所买下的那些人才资产，很可能会在一夜之间消失不见，毕竟它们并不属于你。在这种情境之下，财产的概念变得很不真实。

现在企业如果仍然自称“拥有”员工的技能或是经验，实在是很不理智，甚至是很不道德。这种无形的资产只可能属于具有那些技能与经验的个人。

所有权与受托人

我有位苏格兰朋友是家族里最后一位世袭地主，有一次他从机场载一位非洲朋友回家。在他们的车子即将驶入高原的深处之际，我的朋友得意地挥挥手，指着周围布满树木和鲜花的山坡说："现在我们已在我的土地上了，你看到的所有东西都是我的。"

他所说的倒是实情，但那位非洲人却很是困惑。"我不懂，你怎么可能拥有一座山？山是属于大地的，属于现在与未来生活在这片土地上的人。也许你的意思是，你会照顾它一段时间，也许是一种受托人吧？"

"如果你这么说的话，没错，我想我是吧。"我的朋友只能如此回答。

一年后，朋友告诉我这件事。他说他因此觉悟到人的想法如何受到语言的影响。他又说，所有权当然是错误的字眼，因为所有权隐含了如果你不喜欢，尽可以把它除掉或是毁掉的意思。这也是"男人可以拥有女人"的概念无法存活于现代社会的原因。公司所有权的概念很可能也无法持续到21世纪以后，不过，有些公司仍然我行我素，自以为是。

倘若现在一家公司的本质是人的汇集，较为合理的想法是将其视为一个城镇或是村庄，而不是一部机器。如此一来，很可能到最后会改变我们对企业的想法。其实，它已经改变了我们谈论企业的方式。政治用语（如领导力、选民、联盟、权力与影响力）正在取代过去的工程与财务用语（如结构、计划与控制，甚至是管理）。有天分的个人不喜欢被当作"人力资源"或是被人管理，他们宁可由真心尊敬的人领导。不妨以“资源”称呼一位流行歌星或是当红演员试试，看他们会不会理睬你——这是很不礼貌的。

已经有许多人注意到评估这些新资产的困难。当然，这些资产向来都是存在的，但却从来不曾如此令人触目惊心。股东，也就是所谓的所有人，必须把自己视为投资者。

股东或其代理人仍然会发声，但我估计他们利用这声音去命令或是硬性要求所得的日子不会太久了，因为专业人士本身也会越来越想要有自己的声音。明智的投资者宁可让专业人士在企业的操控方面拥有发言权，也不愿见到他们离去。在新的安排之下，投资者的权力或许已经减少，但仍有影响力，事实上，也应该如此。

德国企业长久以来受到公司内部人的控制与指挥，其中也包括工会代表，再加上大银行集团提供的资金与监督，它们满足于等待长远的未来，极不情愿去破坏现状，以防新的情况比所熟悉的更糟。但是经历过几次几乎酿成大灾难的事件之后，它们渐渐了解到，自己不仅需要外在投资者的资金，也需要这个利益团体所带来的严苛纪律。

10年前，当时奔驰公司的董事长声称，该公司决不会挂牌纽约证券交易所（当时德国没有一家公司在纽约上市股票），因为那些投资者的观点将扭曲公司行事的优先权。5年之后，奔驰公司终于在纽约证券交易所挂牌，这也是德国在美国上市的第一家企业。奔驰公司或许很希望自己早就这么做了，因为如果有新股东的监督，它或许不会那样志得意满地航向未知的水域（比方说该公司完全陌生的航天业），或是等了那么久才把制造部门移出人工昂贵的德国，或是因为放不下不具备高级轿车消费能力的市场而开发小型经济型汽车。不过，如果外面的投资者可以多到足以将公司卖掉的话，我倒会感到很惊讶。公司外的股东或许是投资者，能够影响股价，但他们却不是所有人。

企业和新知识工作者之间的心理契约又是另一回事了。我们可以把它看成纯粹的商业交易——以金钱交换技能与时间，以更多的金钱换取更好的结果；忘掉一切人与人之间的高贵情操，以贿赂换取忠诚。换句话说，原则上每个人都是为金钱而工作的雇佣兵，被出价最高者所雇用。为钱而工作的雇佣兵只对自己忠心，对眼前的项目计划也只是暂时尽心尽力，除此之外，对组织绝对不可能鞠躬尽瘁。若要永续经营，这个基础可是很不牢靠的，因为雇佣兵完全没有拿短期利益交换长期成长的心理准备。他们心里时常会想，为什么仅仅为了组织的利益，我就应该做我不想做的事，或是去我不想去的地方呢？

组织必须有能力分辨谁是雇佣兵，谁是公民。雇佣兵是因为他们拥有特殊技能才被雇用的，不需要的时候，就可以请他们离去。这在契约里写得十分清楚。尽管我们把它包装成雇用条件，但其实就是企业对“一切决定权在于你，别指望我们”这个意思的委婉表达。公民就不同了，他们都是组织内的一分子，享有相互的承诺。公民在传统上至少享有居住权、言论自由与司法权，有权分享社会的财富，也有权通过选举对组织的管理发表意见。相对地，他们也会默默地（或在某些国家是明白地）答应服从该国的法律，并且效忠那个国家。

视企业为公民

企业不仅拥有公民，其本身就是公民。企业在所经营的社会中拥有权利，但也承担法律与习俗所带来的责任。我们越来越希望这个世界的企业公民行为值得尊敬。至少也要像英国王家艺术学会（Royal Society of Arts）的“明日公司调查”（Tomorrow’s Company Inquiry）所形容的，需要一种大众的认可才能经营。

有些人认为行为可敬是合理的，因为假以时日，终究会得到好处。一个对周围社区刻薄、怨恨又吝啬的企业所得到的只能是一些酒肉朋友，因此，为了建立起患难与共的情谊而做一些义务以外的投资绝对是错不了的。总部设在伦敦的食品与饮料跨国企业大都会公司（Grand Metropolitan）每年花费1 300万英镑参与社区事务，该公司相信自己创造了一个有德行的循环，而且已经制作出一个“投入/产出”的矩阵加以示范。还有一些人问到，为了表现良好而表现良好会不会不够？只因为有一颗慷慨的心而给予周围的人以慷慨与关怀，难道不是合情合理的吗？英国的约翰·凯（John Kay）[①]与约翰·普伦德（John Plender）[②]竭诚拥护“利益相关”（stakeholding）为企业的准则，他们认为利益相关是负责任的个人主义，而负责任的个人主义是适当的自私的别名。

以前赞助艺术的都是有钱人，他们资助建筑师、雕刻家与艺术家来丰富社区，建立基金会，或者捐助博物馆与艺术馆。无论激励他们

① 英国经济学家，《金融时报》专栏作家。

② 《金融时报》专栏作家。

这么做的是真正的善心、期望流芳百世，还是只是一种虚荣心，他们都不愧是可敬的公民。今天，企业公民倘若希望成为人们心目中可敬的公民，也应当这么做。我希望企业的走廊与前厅终有一天会变成艺术家展示作品的空间，欢迎任何经过的人驻足观赏。看到新的歌剧团、当地的剧院与城市音乐节的节目单上印了大大小小赞助商的名字，也让人心情为之振奋。企业家与银行家负担了文艺复兴的经费，于是我们永远亏欠他们。那些制造经济资本的人如果明智，就该制造一些附带的社会资本，否则很可能腐蚀了他们周围的社会。

英国和美国的许多大公司都已经体会到了这一点，并且认识到投资于周围社区的重要性，无论是直接的还是通过中介公司投资的。比如英国的一家名叫“社区企业”（Business in the Community）的公司，其宗旨就是资助社区与促进经济再生。很多类似的组织把它们的技术与设施投入到学校、贫穷社区与年轻企业家身上，并且为改善环境贡献力量。对生活于其中的社区越是了解，越可能导向更好的结果。

不过，最近一项调查让人清楚地知道，英国大众仍然希望企业参与更多的社区事务。大众的认可仍在等待生效，空有姿态不足以成为一个真正的公民。比较仁慈的说法是，企业所做的事大众有所不知。好公民其实比他们想象的多。因此，更多的事实与数字会有帮助。伦敦基准集团（London Benchmarking Group）是由6家英国大公司组合而成的，它们企图把自己参与社区活动的一些具体事实放进报告里，好让自己变得更透明化，也更容易评估成效。6家公司的力量毕竟有限，但它们的例子可以鼓励其他的公司起而效仿。正如大都会公司所说的："企业对社会的重大贡献，很可能超越顾客与股东的满意程度。"**这些贡献越是清晰可见，人们越是容易相信，社会也就越有可能是可敬的。**

英国的企业已经发现，社会企业家有越来越多的决心，在他们居住的环境里促成某些事，可能是一个新的艺术中心、一所救济院或一个住宅协会，也可能是一项让失业的年轻人重新就业或是使辍学儿童重返课堂的计划。企业与企业家之间，要比企业和地方议会或大型非营利政府组织之间的关系亲密得多。企业比较愿意把资源托付给这样的人，因为它们相信同为企业家，应该比较善于运用资金。它们甚至希望可以从这些社会企业家的行为中，找到对其企业有利的榜样。

或许我们应该在别处寻找榜样才是。查尔斯·汉普登·特纳（Charles Hampden Turner）就谈到了英特尔公司在马来西亚制造奔腾处理器的故事："公司总经理是一位华裔马来西亚人，他描述自己在企业里开店的过程时，有人问他为什么要开店。'节省时间啊，'总经理说，'也为了创造利润。为此我们曾经发起信贷协会，现在我们又拿信贷协会的资金投资这一地区的科技公司。这么一来，任何忠心为我们工作的员工如果学不会制造奔腾处理器所需的技术，就可以到我们协会拥有部分股权的公司去工作。我们为每个人找工作。'"

特纳接着说："我们拥有一个花园中心，也是个日间托儿所。孩子们会在那里学英语。经理的孩子要付全额的学费，技师的子女是半价，工人的子女则是免费。”经济资本与社会资本真是配合得天衣无缝。

由于企业公民可能是一股善的力量，这是其他组织做不到的，因此企业公民的观念变得如此重要。随着顾客越来越开明，他们也越来越期望企业的所作所为像个开明的公民。

澳洲一座精炼厂一直对员工的高缺勤率深感忧虑。这时有人要求该公司贡献一笔改善当地社区的基金，管理层同意了，但同时也提出了一个颇有创意的附带条件。每天只要有人缺勤，公司就将捐款扣减1%，并通告所有员工。数月之内，该公司的缺勤率居然降到有史以来的最低水平。

新的社会契约

把“企业如村庄”或“企业如社区”的观念转换为真实的现代公司结构，做起来极为繁复。多数的企业管理者很乐于把这个想法当成有趣的设想而束之高阁，但是这样长久下去是不够的。企业的灵魂必须在其形成过程中得到表达的机会，而不应仅仅被当成所有人的工具。到目前为止，可举的例子寥寥无几。以下列出两个较不为人知的案例。我在下一章中还会指出更多、更新的公民组织在管理方面的相关例子。

山茶花公司的哲学

山茶花公司（Camellia plc）是一家很特别的公司。它的主要经营范围是长期树木垦殖，并且在印度次大陆与东非拥有大量的茶园。此外，其麾下还有其他种类繁多的企业。山茶花公司是一家上市公司，但是它大部分的股份却为一个基金会所拥有。该基金会的首要职责，即是借助其股份控制权确保山茶花公司继续存在至少100年。基金会所获得的股息中超过新的资本投资要求的部分，多半都被重新投资于使它们赚得利润的国家、学校、医院或是被用在改善那些地区的人民的生活上。

该公司的董事长戈登·福克斯（Gordon Fox）在年度报告中，把公司的哲学表达得非常清楚：

> 这些日子以来，我就好像是一个孤单的斗士。我所挑战的是股东“拥有”公司的传统观念，从这个想法延伸下去，他们进而也拥有公司的资产。我之所以采取这个立场，不仅是因为大部分的股东，无论他们是个人还是组织，基本上都是赌徒；而且是由于我自小受教，深信随着“所有权”而来的就是“责任”与“关怀”。因此，每当公司宣布发放股息或是配股以奖励管理层的时候，听到市场一片掌声，我就很难接受传统的所有权概念，因为那些股息往往代表了公司多年保留下来的利润，也和裁员有关系。尤其是最近的研究也明白指出，许多重组会导致公司的基础设施受到永久性的伤害，员工士气就更不用说了。

任何人在细品一件艺术杰作或是手工艺品的时候，一定能感觉得到，在它的创作过程中有一些只可意会的东西融入其中，使它具有了一种与众不同的特质，因而变成关乎心灵的东西。或许以一种抽象的方式来说，这种特质也可能存在于一家公司中，促使它产生高度的忠诚与普遍的尊敬，进而也可以产生它所特有的能量，而这将进一步产生创意、多样性与成长。当然，它独特的文化也将随之变成一种触摸得到的东西，我认为这种特质是最有价值的资产，值得维持下去，这样做不仅是为了其员工和受其直接影响的人，更为了广泛的社会大众，因为这样的公司不但使社会更壮大、更稳定，也为其他公司树立了值得学习的典范。

山茶花公司能够成长繁荣这么多年，是因为它充满了忠诚意识——同事之间的忠诚、员工之间的忠诚，最重要的是公司对其员工的忠诚。因此，在这个忠诚的环境里，自然产生了一种远胜于传统的赏罚动机。过去总是以分享利润的胡萝卜作为诱惑，但同时却也刺激了个人的贪念，只好另外再用裁员作为棒子来威胁员工。

山茶花公司的哲学提供了一个乐善好施的社会愿景，有利于所有相关的人，却不至于独厚一个群体。它并不适用于每一家公司，因为它上市的股份只占一小部分，限制了它借市场筹募资金的能力。而大多数公司的成长是靠所赚得的利润与银行的借款。一个规模完善的企业很难倏忽之间改变，除非是买回自己的股份，再把它放进基金会里，而有足够利润这么做的公司少之又少。不过无论如何，脱颖而出的山茶花公司，仍然称得上未来企业可以效仿的对象。

贝塔斯曼公司

贝塔斯曼公司是一家价值82亿英镑的媒体企业集团，总部设在德国，全球员工多达6万名。这家创立于1835年的公司，如今已有171年的历史了。为了保护公司持续经营下去，贝塔斯曼与莫恩家族已经把它们大部分的股份转到贝塔斯曼基金会名下。如今这个基金会拥有68.8%的股本金，莫恩家族拥有20.5%，总部设在汉堡的柴特（ZEIT）基金会则拥有10.7%。贝塔斯曼基金会在其组织章程中，陈述该基金会“只直接追求与大众利益息息相关的目标”。具体到行动上，就是投资于与教育、培训和媒体世界相关的企业，另外也资助市民改革项目计划。

贝塔斯曼公司有一项主要的利润分享方案。根据这项方案，总利润中相当大的一部分是由员工共同分享的，这也就是董事长莱因哈德·莫恩（Reinhard Mohn）所称的“合伙人制度”（partnership）。利润分享的实行借助“利润参与凭证”（Profit Participation Certificates），并且在证券市场公开上市，于是资本借着这种方式留在企业之内。员工有权卖出手中持有的凭证，但是他们大多视凭证为晚年的额外储蓄而长期持有。最近几年这些凭证已付出15%的利率，市场上的平均利率则高达200%。

莫恩认为，这种制度不仅是长期保障其员工财务安全的一种方式，还可以增加员工对公司的认同感。

贝塔斯曼公司与众不同的地方在于，它除了有许多公司规定之外，还有一套正式的章程，为的就是载明所有权相对附带的义务。在这套章程的导言中，明确列出公司的目标如下：

1. 公司的最根本目标是，必须尽可能对社会做出最大贡献。

2. 在公司工作的所有员工必须尽可能在其工作岗位上实现自我。管理层有责任保证必要的内部结构，并且保持冲突的利益之间的和谐。

3. 为了确保公司生存，并且提供工作机会，公司必须赚得利润。赚来的钱则用来形成新的资本、支付股息和用于与员工分享利润。

4. 公司必须以缴税的方式支持政府的职能。

在正式的条文中，有一节标题为“公司的社会主张”，内容如下：

我们主张一个自由、民主与井然有序的社会，因为我们相信，这样的秩序是保证最高程度的个人自由以及社会发展的最佳先决条件。

我们相信以下几点是必要的：

- 一个以竞争、绩效与广泛分布的私人财产为原则的自由市场制度。国家的职责在于确保消费者的自由选择权与自由竞争。

- 一个服膺于社会责任的社会制度。在这个社会里，庞大资产的所有人除了拥有生产工具，也承认自己担负了一般大众所托付的责任。

- 企业的组织架构给予每个人相同的个人发展机会，并且确保财富分配平均，确保分享生产工具、关怀社会需要，以及权利义务之间的平衡关系。

许多组织在其公司哲学的陈述中也有类似条文。但是，以白纸黑字正式记载，并且约束公司的每一个成员时，给人带来的感觉却很不一样。而这才是企业公民的具体实现。

超国家企业

在此所举的例子都是私营公司，它们的企业章程是公司创始人送给公司的礼物。

请考虑以下事实。在全世界100强经济体的名单里，有50家是企业。通用汽车公司的销售收入总额，大约相当于坦桑尼亚、埃塞俄比亚、尼泊尔、孟加拉、乌干达、尼日利亚、肯尼亚与巴基斯坦等国的国民生产总值全部加在一起。

这些事实凸显出了一个问题。在企业比国家还大的时候，我们必须问，谁来管理它们？又是为谁来管理？而当这些富可敌国的企业舍民主而就效率的时候，更令人不得不怀疑它们究竟能持续多久。因为历史告诉我们，人们富有的时候，就会要求发言权，天下没有富有的独裁政治。

企业与国家的矛盾

因为我们不把企业看成一个社区，因此从不曾想到要把用于国家的规则应用在企业上。然而，在一个国家里，统治者与被统治者之间为了人权、言论自由与双方的责任不但会辩论，甚至会争吵不休。如果一个国家单方面决定中止人民的参政权，并且驱逐4万名公民的话，全世界都将为之哗然。可是，美国电报电话公司（AT&T）这么做的时候，股价竟然得以上扬，其总裁的薪水也跟着水涨船高了。

假以时日，这些情形都将改观。大公司并非多国或跨国公司，它们超越了国家，悬浮于国籍之上。它们并不隶属于任何国家，也不对任何一个政府负责。它们分散在世界各地，借着电子科技互相联结，根本难以约束。超国家企业的股东分散于各个不同行业，与其他公司掺杂在一起，因此说不清拥有它们的究竟是谁。随着越来越多的公司买回自己的股份，安置于自己的财务部门之下，公司终于成为自己主人的一天或许即将来临了。

超国家企业有一些明显的优势。它们重新分配在全世界的资产，把资源与科技带往新的地区。也由于它们只对自己负责，所以可以做更快、更大胆的决定，更可以聚集来自全世界的资金，建立政府难以单独完成，甚至根本不可能完成的“规模”与“形态”的合作关系。它们也可以把道德标准应用在制造产品的员工身上。总体来说，超国家企业促使一些本来绝不可能发生的情况出现，而那正是我们需要的。

第9章

Chapter Nine

公民企业

The Citizen Company

企业和组织的确是社区，而不是财产；其居民应该更理所当然地被视为公民，而非雇员，更不是人力资源。问题是，实行“员工即企业公民”又代表什么意思呢？

所有民主制度中的公民，在其社会的统辖之下，都有居住权、司法权、言论自由、某种分享社会财富的方式和发言权，而行使权利的方式，通常是一张选票。然而，最重要的是，公民有权享受生活、自由与追求幸福，换句话说，就是谋求自己人生的权利，当然行使这些权利的前提是遵从当地法律。个人的基本自由一直是数世纪以来民主背后的驱动力，因此，企业此刻必须习惯的也就是这股力量，因为员工也开始期望工作环境和外面的社会具有同样程度的自由、权利与责任，这也就是说，“人”再也不是财产的一部分了。

企业内的公民权

换成企业的说法，公民的居住权即表示某种雇用的保证（说一辈子未免有些不切实际，但至少是几年的工作权）。在一个不确定的世界里，没有几个有才干的员工愿意签下一辈子的卖身契。而要恢复对工作场所的向心力，所需要的是重新调整权力，这样一来，掌控的人为了赢得人心，就必须作出承诺。我认为，未来的生活会越来越以5至10年为一个阶段，于是历时10年的承诺将被视为保证居住权的公平定义。司法权、言论自由与财富分享的理念都很容易融入企业世界，但实施起来却不一定容易。对统治阶层有发言权，则转换为有权针对影响公司未来的重大决策发表意见。

公民身份并不仅是协商或仲裁的结果，它是一种从共同承诺中培养出来的东西，其中一小部分可以用文字解释，如居住时间以及财富分配方式等，但更多的部分却是抽象的、不具体的。

公民权利有一个正式的表达方法，那就是让A股与B股——也就是有投票权与无投票权的股份的旧观念死而复生。有投票权的A股限定为企业的个人公民，可能是核心员工，或是一个代表其利益的基金会。此外，也可以加上握有大量股票的股东，因为身为投资者，应该为企业的长期利益着想。公民权也可能延伸到较大而拥有企业股票的供应商（日本的供应商便是如此）。而若要让社区有参与感，可能的做法是创造一种相当于“金股份”的东西，这是英国政府在一些因私有化而创立的公司里采用的自我奖赏方式。如此将会给社区一个发言权，或是否决权，而在特定的地区则跟环境有关。

无投票权的B股一直受到投资界的强烈驳斥——理由很明显，投资者会因此丧失许多权力。但是，如果这些创造财富的组织中真正的成员（也就是在那儿工作的人），对他们的命运有更多的发言权，并且如果企业不只是想要成为所有人的工具，那么这种权力就不得不被削减。当然，改变不会很快，也不会很突然。改变会在新企业四处探索应该用什么方式授予重要分子公民权的时候自然发生，只有在这些新企业的规模变大之际，全球的股票市场才会注意到，它们的权力已然丧失。

新形式与旧观念

当然，新形式的组织若是出现的话，会使得一切关于所有权的讨论失去意义。网络可能是有史以来成长最快的组织，却不为任何人所拥有。VISA信用卡一年的交易次数是70亿次，价值则高达6 500亿美元，它的“所有人”，如果这个字眼正确的话，却是20 000个以上利用其服务的金融机构。诸如网络和VISA信用卡这样的组织提供的是机制，而非资产的聚集。它们或许可以为未来树立一种全新的模式。

联邦制是合并自主个体的一个旧观念，如今在这个信息时代重新对这个概念进行思考，将为未来的可能提供一些新线索。联邦制的重点在于，决不应该在一个地方或一种职能上赋予太大的权力。联邦的中央只是为各部分服务的仆人，一个促进的机制，其权力是由各个部分的代表赋予它的。更实际的说法是，即使外面的投资者自认为拥有整个企业，所有权仍在各部分手中。如果我们与未来极可能是主流的形式背道而驰，多年之后，很可能会自食恶果。

有效的所有权会渐渐逆转，回到握有资源的人手上。他们也将雇用当初雇用他们的人。那些在公司之外的人只提供了一种资源——资金，因此他们终究会看到自己的有效权力正逐渐消退，这就叫作“权力下放”（subsidiarity），也就是权力应该属于团体的底部而非顶部，这种想法不仅合乎道德，也很恰当。说得更简单一点就是：偷取他人的责任是不道德的事，而且到最后也不会管用。令人高兴的是，现代企业的压力终将迫使我们讲求道德。

有时我们不得不纳闷，为什么需要“所有权”这个概念呢？企业已经越来越相信，最好的人手其实是志愿工作者，他们来是因为想来，而不是非来不可，志愿组织很可能会变得越来越切中未来的需要。

组织无法制止任何人离开，也不能要求员工鞠躬尽瘁，它们至多能企盼员工努力罢了。把这种自由与组织的目标结合在一起，才是公民企业真正的挑战。许多管理者宁可不接受这种挑战，因为把一群有天分的人组织在一起，实在是一件颇为困难的事。我们必须学会管理无法完全控制的人，且必须信任他们，当然他们也必须信任我们。这些说起来简单，但实行起来却很困难。

从一开始，组织与个人就必须设法赢得别人的信任。但是在权力下移与外包兴盛的现实中，个人对组织的忠诚已经极为罕见。弗雷德里克·赖克菲尔德（Frederick Reichfield）为忠诚带来的效力计算出了一个数值，他指出，员工、投资者以及顾客的不忠诚，可能使公司的绩效与生产力下降50%。

然而，一个互信的组织一旦建立，就会既有创意又有效率。人们若是不必总是心猿意马地寻找下一份工作的话，显然工作会做得比较好。如果他们尊重周围的人，并且专注于自己所做的事，工作起来也会更具创造力。只要他们信任所属的组织，对组织的目标有向心力，而且能分享成果的话，他们就比较容易接受调职，甚至是暂时性的全面减薪。

国家与组织的公民

这些公民是谁呢？现今的国家总是会要求想成为其公民的人们证明自己的才能与善良。有些国家甚至还想让生来即具有其公民身份的人也做类似的测验，巴不得有个地方可以像倒垃圾似的把他们丢掉。组织在这方面倒是有着得天独厚的优势，它们可以自行选择其“公民”。对组织来说，慎重的选择才是明智之举，因为公民身份无法奉送给每一个人。在现今这个变动的年代，没有一个组织可以给予员工10年的保证，而且它们会把核心公民维持在最小的规模。

雇佣兵仍然不可或缺，他们也随时可以成为公民，此外还有试用期的公民，他们得证明自己的价值，并且赢得信任。核心公民则是经过考证无误的“受托人”，若要找出这类组织如何运作的例子，我们只需看看法律、会计、咨询或建筑等专业的合伙关系便可窥知一二。合伙人是这些组织的完全公民（full citizen），因此一切好与坏的结果也都属于他们。一家公司可以尽可能地把公民所要求的权利压缩到最低，但相应的它们所获得的回报和忠诚也会很低。

大学的两难

大学所遭遇的困难或许可以给企业带来启发，它们长年以来即挣扎于终身公民身份（终身教职）的两难困境，那就是“需要终身教职的人得之有愧，得之无愧的人却不需要这份教职”。一度保证你可以畅所欲言而不必担心遭到开除的终身教职，如今成了终身工作的保证，却也是最优秀的人才并不需要的保护。不幸的是，最优秀的人才不见得永远是最优秀的。各个大学唯恐豢养了一批名不符实的公民却无法淘汰，于是无限期的终身教职变得昂贵起来，而这打击了人们的斗志。

为了防止这种情形日趋恶化，如今在必要的试用期之后，若要以完全公民的身份为人接受，你所面对的困难和要求越来越多。换句话说，公民身份既有权利，也有责任。而企业的情况却往往相反——企业公民责任较多，权利则较少。

“信任”的重要性

公民企业的收益应该是共同的承诺与互相的信任。然而无论骨骼的构造多好，或是神经系统设计得如何完备，信任的鲜血仍然必须在血管里奔流才行。在一个人在哪里就在哪里工作的世界里（在汽车或飞机上，在办公室或家里，在客户那儿或是旅馆里），你和看不到的人合作的机会将越来越多。组织即将被淹没在通讯工具之中，淹没在电子邮件、语音邮件、传真与电话之中。我们比过去都更需要信任和我们一同工作的人。“信任”听起来仿佛是一个没有人能够置疑的概念，充满了温暖与温和的触感，不过却行之不易。信任管理有赖于清楚的规则与原则，它必须成为公民企业的指导手册才是。

信任一共有7大主要原则：

信任不是盲目的

信任一个你并非十分了解的人，一个你没有长期观察其所作所为、不确定其目标的人，实非明智之举。而我们真正了解的人又有几个呢？或者更重要的问题是，有多少人真正了解我们呢？在日常的生活中，似乎有个“12”的规则。如果你问任何人有多少人的死亡会影响到他，或是他记得多少人的电话号码，答案很少会超过12。工作要求的条件就没那么严格了。实际上，我们最多或许可以认识50个人，他们是我们在一般情况之下足以信赖的人。那50人也认识另外50人，并且以此类推下去。

因此，“大组织”和“信任原则”倒不是完全无法相容，只不过必须要划分为较小、较固定的群体。ABB公司拥有225 000名员工，在5 000个业务单位工作，业务遍及142个国家。每个单位平均有45名员工属于它的核心公民。在规模大一些的工厂中，核心员工有300人，已经稍嫌过多，而这些单位却以非常弹性的方式相互结合，创造出一个强有力且成长迅速的复杂企业。然而它的基本单位大都仍然遵守50人以内的规则。

扩大这些单位，或是改组太过频繁的话，组织就会渐渐开始以控制代替信任，因为大家彼此了解的程度还不足以培养出信任。我在一家大公司的员工代码是MRK32。我以这个职位写便笺给FIN41或是PR023。除了这些职位之外，我通常不知道任何名字，也未曾结识任何人。我没有信任他们的理由，坦白地说，我也不想信任他们。我只是“暂时占领此角色的人”，一个命令与控制型组织中的角色占有人之一。那样的地方对人类的灵魂来说，真像是一个牢笼，而在那些牢笼里，人们极少得到成长，因为那里没有留下让人探索真正自我的空间。更糟的是，待在这些牢笼里不仅乏味，而且还会榨取人的精力，使人无力探索外面的世界。研究报告指出，角色发挥不足可能比角色过度发挥更加令人斗志全失。

信任需要界限

无限的信任实行起来是不切实际的。我们会在生活的某些方面信任朋友，但不见得是在所有方面。碰到紧急事件的时候，邻居或许帮得上大忙，可若是涉及金钱，却不见得可靠。“除了有关我太太的事之外，我任何事情都可以信任他。”一个人在推荐函中这么写着，而信中提到的“他”正申请进入我所主持的研究计划。我们以一条松弛的缰绳管理年轻人，但缰绳一直都在那儿，我们越是信任他们，缰绳也就越长、越松。在组织里也是一样。

组织里所谓的“信任”，其实指的是“信心”，对一个人的能力以及对他会为目标鞠躬尽瘁的信心。只要目标清楚，受信任的个人或团队就可以放手去做。控制是借助评估结果的方式在事后进行，而不是在事前。这种在一定范围之内的自由效果最好，当然，先决条件是个人或团队能够恪尽职守，也有能力自行解决问题。

以信任为基础的组织会重新设计自己的工作，一反旧的组织简化模式，过去的一切都被划分为零部件或是部分职能，每个人只做事情的小小片段，难得窥见全貌。乍看之下，组织各单位全面性的新设计会比旧式依照不同职能所做的设计来得昂贵，因为它们往往职能重复，比方说维持单独的会计部门。但是这种设计是寄希望于一定程度的新自由会释放出能量与效力，而这些足以补偿甚至超过多出的花费。如果公司信任我们以自己的方式达成任务，我们就有探索的空间，让工作上盖上属于我们自己的印记。

不幸的是，这种重新设计被称为“再造”（reengineering）——一个旧的机械用语。再造于是变成了裁员的含蓄说法、阴谋操纵式管理的象征，永远不会得到信任。这实在令人觉得很悲哀，因为重新设计的本意是让信任成为一个看得到的外在象征。

信任需要不断学习

把越来越多的组织推向联邦制的，是一种由相对独立与固定的群体组成的组织结构。不过，在这个过程中变革的能力也是一种必要条件。固定群体必须在适当的时机或顾客有所要求的时候，有足够支持变革的弹性。换言之，群体必须时时掌握变化，不断探讨新科技与新的可能性，以求创造一个真正的学习文化。对这些群体而言，对于人的选择变得非常重要，因为每个人都必须能够自我更新，有能力追寻自我，并且视学习为人生持续不断的一部分，这些既是一开始信任他人的理由，也是成功的一大关键。

但是学习就像信任一样，可能因受到恐惧的挤压而变形。如果人们害怕面对自己犯错的后果，那么没有人会伸出脖子送死，或是根据新情况的需要而主动应变。信任如同学习一般，需要无条件的支持与宽容，才能保证大家总是能够从错误中学习。

信任是很艰难的

信任被用错地方，倒不见得是因为人们心存欺瞒或是怀有恶意，也有可能只是因为他们无法符合期望，或是无法做到所要求的程度，于是那些人终究得离开，或是大幅缩小其自由的界限。信任就像玻璃，一旦碎了，永远也无法恢复原状。碰到不能信任的对象，就得一再核查，让所有的控制系统发挥作用。因此，为了整体的利益，个人必须离开。有时，信任必须无情。但是力图表现的压力，所带来的影响也可能是正面的。我们大多数人都需要限期或是目标，才能激发出自己最好的一面，而另一方面，在以规则和检查为主要特色的地方，所谓的令人满意，其实也就意味着还算说得过去。我们常以知足为乐，但是在个人成长和创意方面，人们永远也不应该说知足。

信任需要密切的结合

在一个以信任为基础的组织中，自给自足的单位既是其不可或缺的基石，也可能衍生出自己的问题，造成组织中另有组织的现象。若要整体运行无碍，各小单位的目标必须与整体目标融为一体。众多关于愿景与使命的慷慨陈词，以及力求“整体品质”与“追求卓越”的活动，正是企图应付这个要求的做法。不过，如果这些用意良好的进取做法是自上而下强制实行的，却可能起到反作用。在我任职过的一家公司里，有一天，总经理办公室向公司全体员工发出了一份备忘录，上面写着公司即刻开始信奉一种Y理念，也就是深信每个人都是自动自发的。可是，这种散播方式与它所要表达的内容之间的荒谬对比，实在是令人啼笑皆非。

信任需要接触

不过，无论充满理想的领导者是多么能言善辩，共同的承诺依然是需要人际间的接触，才能产生真实的感觉的。矛盾的是，一个组织变得越虚拟，其员工越是需要会面。不过，这些会面的重点并不在于他们能在一起做些什么，而在于员工们能够彼此互相认识。视频会议的重点比较偏向工作，不过如果参会的人们已经互相认识，而不只是屏幕上的影像，会议开起来会顺利得多，也会比较有成效。因此，工作与娱乐交替进行，成了许多企业的做法，以至于现在旅游胜地即使在淡季也会被企业人士占据一空。

这些做法可不是在犒赏特权人士，它们是必要的润滑剂。这些场合不仅可以让员工互相认识、和领导人碰面，也是强化企业目标与重新思考企业战略的好机会。我偶尔也会主办这类的“歌舞晚会”，它们总会令我感到惊讶，因为我发现许多来参加的人即使过去曾经一起合作，真正碰过面的却是少之又少。让我更惊讶的是，大伙儿的默契竟滋生得那么快，快到你几乎可以看到企业文化就此茁壮生长起来。

信任必须努力赢得

这个原则最为明显，却也最容易被忽视。组织若期望得到员工的信任，就必须先证明自己值得信任才行。因缩小规模而违背不成文约定的组织将会发现，留下来的员工对它们的信任会减少。组织和个人一样，只有在证明自己说到做到的时候，才会得到完全的信任。

这些信任的文化在一个组织的范围之内比较容易成长与保存。随着组织半解体，越来越多的人发现自己已经身在组织之外，信任的问题将变得更加难以应付。你和你的供应商，或是你的客户是否有同样的目标？若没有的话，信任就十分困难，因为大家都会怀疑对方只顾自己，而不重视双方共同的关注点。合约是否互相清楚了解了呢？多久碰一次面？相互之间是哪一种密切关系？真正的错误会得到承认并且得到谅解吗？这些问题在组织内外都很重要，倘若得不到正面的回答，企业就会变得对立、复杂，而且无趣至极。

企业公民的四个例子

圣卢克斯广告公司

圣卢克斯广告公司（St Luke's）是从美国庞大的营销服务集团奥姆尼康（Omnicom）公司中独立出来的。1996年末，它们的信纸上印有55个名字，因为当时它拥有的员工就是那么多。他们的名字之所以出现在信纸上，是因为该广告公司被下至接待员，上至董事长的所有员工共同拥有。

所有权通过英国一个名叫“搜寻”（Quest）的组织来处理，这是一个颇为称职的员工股份所有权信托基金组织。起初这个信托基金握有全部的股份，但后来又把一部分分给员工。股份每一年发放一次，因此待得越久的人，领到的股份也越多。每年公司都会找人估价，并且由信托基金照全价买回离职员工的股份，不过，想离开的员工倒是不多，董事长安迪·罗（Andy Law）说，其实在广告业，这种情形是挺不寻常的，原来的35名元老级员工当中，至今也只有两人离职，而且其中一个是为了追寻成为深水潜水员的梦想才离开的。

虽说每个人都是平等的公民，也都拥有公司的一部分，不过正常的公司层级依然存在，尽管已经尽量扁平化了。此外，也有薪水差别与年度的工作绩效评估。公司以大学为榜样，可以说它是个资源中心，而非供人白天上班的公寓房子。公司里有一间餐厅和一间图书馆，但没有个人办公室，而且就连董事长也没有专属秘书。员工们把个人财物锁进柜子里，用背包带着工作到处走，需要的时候就借个办公室，或是借张桌子。每一层楼都有电脑可以查看信息或是日志。与其说各个房间是给各部门的，不如说是给客户用的，所有的会议和与客户相关的资料都放在那里。安迪·罗告诉客户："这里是一批具有超群创意能力的人，他们既精明过人，又拥有适当的资源。只要告诉他们你需要什么，他们可以马上帮你实现。"

或许这并不适合每个人的口味，但它仍然是一种公民企业的新模式，每个人都有参与感，也对一个共同的目标尽心尽力，其环境的安排更强调了这一点。我们工作的时候，何必那么坚持拥有一间个人的房间呢？毕竟大部分的人都是客户在哪里，工作就在哪里。

公司渐渐开始怀疑一周拥有办公室168小时，结果顶多只用48小时的做法究竟值不值得。我们要颠覆整个办公室的观念，正如圣卢克斯公司所做的，让办公室成为客户的房间，我们在有客户的地方一同工作。

法国马戏团的魔力

伦敦的艺术企业论坛（Arts Business Forum）邀请十大主要公司的管理者代表参加“从戏剧中学习”的实验计划。历时6周的伦敦国际戏剧节涵盖了广泛的外国戏剧与舞蹈节目，每位管理者必须从中选出至少4部戏剧进行观看。这个实验主要的想法是，他们应该看看这些表演，见见导演和演员，等戏剧节结束的时候再聚在一起，开一天的讨论会，谈谈是不是从戏剧中学到了什么。

其中有6个人选择去看马戏。那是来自于法国的特殊马戏团。没有动物，只有人在秋千上表演不可思议的技艺，使用刀子与燃烧的火炬，还有复杂且难以置信的集体空中飞人特技，每一项表演都做得既漂亮又精确无比。在讨论会上，这些管理者说，很少见到如此优秀的团队精神与纪律，以及这般全力以赴追求卓越的激情。一位管理者感叹道，一切都比我们公司的好太多了；另一位管理者则表示，和我付给员工的可观的薪水相比，这些马戏表演者的报酬少得可怜，可我的员工却拿不出和他们相同水平的工作表现。我们到底少了些什么？

这些管理者最终达成了共识，他们的公司少的是一种对艺术的奉献精神，而这种精神对马戏团的表演者而言，比金钱更为重要，再加上每天晚上得到的掌声，也不断肯定了他们的专门技术与“魔力”。大笔的薪水与年度考评不见得能胜过强烈的奉献热情或是整个团队每晚的“兴奋”。

这个法国马戏团是企业可以从其他组织进行学习的一个生动例子，这种组织具有丰富的经验，深谙驾驭个人才能为团体目标尽力之道。专业主义（professionalism）、项目合作（projects）、热情（passion）与自尊（pride），这“4P”似乎是拥有丰富人才的组织的印记。

X公司

X公司是硅谷的一家高科技公司。该公司历史悠久，销售额却保持着每年30%的综合增长。这里的员工都曾是些颇有才干的年轻人，如今他们身为股东且年纪渐长，他们并不是企业公民。这个差别是非常具关键性的。他们成立了一个特别小组，为公司的未来运筹帷幄。

“公司的目标是什么？”X公司的员工来见我的时候，我问他们。

“尽可能赚更多的钱。”他们说。

“为谁赚呢？”

“当然是为股东啦，我们也是股东。好刺激！我们上午查看股价，午餐时间又看一次，晚上回家之前再看一次，算算这一天以来，我们口袋里又多了多少钱。这个群体中的每一个人都是千万富翁！”

“你们的钱都花在什么上面？”我好奇地问。

“没有时间花钱，我们都忙着赚钱！”

“那么问题是什么？”

“公司变得越来越大，要维持证券市场所期望的增长率也越来越难，所以股价已经下跌了。再加上我们的员工越来越多，也必须分更多的股份给新来的员工，因此随着公司规模越大，我们财富的增加也越慢，倘若股价继续下跌，我们的财产恐怕还会越变越少。坦白地讲，我们真的已经很疲倦了，虽然我们都还年轻，但压力越来越大。我们没有培训预算，因为根本没有时间培训，我们需要专门技术人员的时候就直接聘请。我们也压根没有犯错的空间，只要有人犯错，我们就请他走人。因此，公司里的气氛总是紧张兮兮的，大家都不积极主动。”

我请他们说明自己最希望像哪一家公司。他们说出了一家全世界知名，并且受到全球敬仰的公司，其增长率正如任何成熟的企业一样，比他们慢了许多，发放给利益相关者的股息也少得多。

“以你们的目标来看，”我说，“这个例子好像不太适合你们。”

经过一番讨论，他们承认自己之所以仰慕这家公司，是因为佩服其理念、对待员工的方式，以及有维持长期增长的决心。那家公司显然已经说服证券市场接受相对缓慢的增长率，以交换长期的增长与回报。

之后，这些X公司的人开始谈到他们对自己的成就真正感到自豪的地方，他们的产品如何使过去连做梦也不敢想的美事成真，他们如何勇闯他人从未涉足，甚至也不曾想象的领域。换句话说，他们把梦想告诉了我，也说出了他们认为自己存在的真正价值是什么，即公司的精髓与灵魂所在。金钱只是一个数字，如何解读，完全取决于你认为自己在玩什么游戏。

他们离去时，脑中还在思索着不同的公司理念和一个不一样的未来，一种个性与灵魂的组合，怀抱着长期目标与梦想，和股东与管理者对于“足够”的共识（也就是说，资本应该回流多少才适当？在人才身上又应投资多少时间？因为人才就是他们的未来），以及培养大家互信的气氛，相信每个人都会全力以赴，并且从错误中学习，而这些也是他们希望自己拥有的。

不断扩大的战果，只会变成自己打败自己的噩梦。有“足够”的现在，未来才可能“更多”，前提是，你得知道未来在哪里。贪婪可能阻碍成长，公民虽然想要股息，但更想要未来。

商业中的伟大游戏

《商业中的伟大游戏》(*The Great Game of Business*)是杰克·斯塔克(Jack Stack)所写的一本书的书名，描述他在美国密苏里州春田再造公司(Springfield Re-Manufacturing)的工作经历。有超过2 500人自付1 250美元去看斯塔克先生与同事在这家非高科技公司所做的事：修复引擎。他们发明的概念叫作“开卷式管理”，这可能是近年来新的管理窍门中最重要的一种，其附加价值不但合情合理，也体现了对员工把工作做好的能力的尊重。

1983年，斯塔克等人在国际收割机公司(Intemational Harvester)面临困境的时候买下它的一个部门。开始的时候不但没赚钱，反而欠了一大笔债，说得确切一点，负债与资产的比率是89∶1，利息18%。“我唯一优先要做的，”斯塔克说，“就是不要把现金用光了。”为了达成这个目标，最重要的就是帮助当时在春田再造公司工作的119名员工了解公司的现金状况，因此管理层开始把所有的数字公布给了包括门卫在内的每一个人，并且提供红利制度奖励他们付出的努力。现在公司约有30%的股份为员工所有。这看起来似乎很容易，但实际做起来要比想象中困难多了。

让员工了解公司现金状况的过程开始于定期提供给员工信息，每周都向员工报告公司表现，仿佛他们是密切注意这个企业的财务分析师。产品数量、库存量、销售额、消费比率、银行存款余额，一切公开，毫无隐瞒。该公司也花了许多精力培训员工了解这些数字。在公司里有一种他们称之为“秘密会议”的默契，大家分享意见，一起努力了解财务数字所代表的意义，对想要一切公开透明化的春田再造公司而言，等于是有了一大批的“球员教练”。此外，员工也十分注重自我管理。斯塔克称之为“企业的伟大球赛”，理由是，企业也可以很好玩，对个人具有奖励作用，就像一场不错的球赛，但要玩这场球，每个人都必须了解球赛规则，并且要能够转换成行动才行，更要紧的是，每个人都要与输赢有利害关系。

一位女性主管提到她的一次经历。当时她在泵、活塞与汽缸生产线上工作。有一天，斯塔克问她是否觉得自己正在为公司赚钱。“当然啦！”她回答。“证明给我看。”斯塔克说。

接着斯塔克给她上了两个小时的成本管理课。她花了两个星期到处找资料，后来终于证明自己的部门是在赚钱，但不如想象的那样多。传动系统部门赚得更多。数字不会骗人。从数字来看，她的部门显然知道自己该怎么做。他迫使员工了解做出明智决定所需具备的资料。

有些证据藏在数字里面。短短10年之间，该公司的股价已经从0.1美元飞涨到18.6美元。如今他们的销售额已超过1亿美元，拥有几个不同的业务部门，有将近800名员工。斯塔克把这一切写进了书里。把人当成是负责任的成人与公民来对待，信任他们且给予肯定，给大家发挥自我的空间。这似乎对每个人都挺管用的。

我所列举的这些故事都是关于比较小的组织。乍看之下，可能很难看出是否适用于超国家企业。但正如ABB公司所证明的，大组织也可以由非常小的弹性组织组成，而在每一个小单位里面，也可能因为合力冒险、相互的信任与肯定，以及分享成功的奖赏而培养出合作意识。专业主义、项目合作、热情与自尊不仅仅是新型公司或创意公司才有的财产，也是企业公民的必要素质。我们除了给予每个组织的核心公民更多的空间与更多的合作意识之外，根本没有别的选择。

公民企业实际的意义是：

- 更尊重公民的选择，确保他们能够培养出休戚与共的感觉和专业才能。
- 和每一个人订下明文契约，注明终身职位的限制与合伙人的权利，证明这份工作对所有的人都有利，并且让组织的承诺更为清楚。
- 一份注明权利与义务的正式章程，好让大家知道信任的范围何在。
- 虽然不见得要形诸文字，但大家应该清楚了解组织的需要为何，它代表什么意义，它又想成就什么，这些都超越了金钱的目标，为的就是激起一些热情。
- 控制结果，而非程序，这是信任的证明与自尊的来源。

任何组织的核心公民，无论得到多么高的报酬，都将不再满足于被当成组织的工具，因为他们多半会在需要的时候变成雇佣兵。因此，公民企业渐渐会成为一个必要的组织方式，尽管这种公司管理与领导起来将会十分困难。

在最近一本名为《七个天才团队的故事》(*Organizing Genius*)的书里，身为领导力哲学家与美国企业的观察家的作者沃伦·本尼斯，条理清晰地描述了一些美国最著名的创意团队，其中包括制造全世界第一枚原子弹的曼哈顿计划(Manhattan Project)、迪士尼动画工作室、为克林顿第一次总统选举运筹帷幄的竞选班子等等的方法与历史。本尼斯分析这些伟大的团队，发现它们虽然处理的事务大相径庭，但却有许多相通之处。它们都是因特定且声望很高的项目计划而聚集在一起，其成员也都是各自领域中人人称许的专家。那些成员对自己的理想怀有无悔的热情，对金钱或是物质的安适不甚在意，而且往往以微薄的薪水在临时改装的空间里夜以继日地工作，他们多半不到30岁，拥有足以让其挥洒才华的工作空间。他们以身为组织的成员而自豪，他们最后的工作成就也显而易见。本尼斯并没有称他们为组织公民，不过他们其实正是不折不扣的组织公民。

第 10 章

Chapter Ten

教育革新

A Proper Education

“适当的自私”的哲学意识必须及早开始培养。我们需要能够培养对自己负责与对他人负责的教育方法。这么一来，学习方法就变得跟学习内容一样重要，这也是我在自己的受教育过程中所发现的。

我离开中学与大学的时候，脑子里塞满了知识，这些知识至少足以应付一路上所有的考试。当然，那只是一些很片面的知识，其中完全不涉及任何自然科学，语言方面也只修了拉丁语与希腊语。

后来我进入制造业工作，这在当时来说是颇不寻常的。“你是我们家族中第一个从商的。”我的姑婆很不以为然地说。无论亲戚的观感如何，那份工作的重点可以说是制造与销售有用的产品与服务。身为一个受过良好教育的年轻人，我以为这个工作一定简单极了，以我的聪明才智，工作起来必定游刃有余。感谢上帝，学校与学校教育已经被我抛在脑后，终于可以开始生活了！而我觉得生活中包含了所有的美好事物。

因此，在我第一次接触外面的世界，又发觉自己很不幸地装备不全的时候，真是颇受打击。而且不仅是在维持生计的必要事务方面如此，更重要的是，我完全无法应付生活与工作两方面纷至沓来的各种等待做出的新决定。我的第一位雇主说得很好："你有一个训练良好但却空空的头脑，现在我们要设法填一些有用的东西进去，但别以为你在头一个10年之内，能够对我们有什么真正的价值。"我何其有幸，碰到一位愿意投资这么多时间来教育我的雇主，其实这才是真正的教育。10年之后，我离职了，但我心中的感激之情一直不曾稍减。

重新思考教育的意义

拥有"训练良好的头脑"是非常必要的，但我不久就发现，我的头脑只被训练来处理封闭性的问题，而这会儿我必须应付的却是没头没尾、毫无边际的难题。"销售成本是多少"是个封闭性的问题，答案有对有错。"我们该怎么办"是个开放式的问题，可能的答案有好几种。我受过分析训练，却没有经验来做出结果不知是好是坏的决定。我慢慢明白，其实知道一个问题的正确答案，和改变一种情况并不相同，而后者才是别人花钱雇我的真正原因。最糟糕的是，真正的开放式问题"这一切有什么帮助"开始困扰着我。

我是在一种个人主义的文化中成长起来的。对我来说，分数只对自己有意义，除了参加某些竞赛之外，我很少与人竞争。在学校里，我独自进行学习的游戏。但我很快发现在工作上绝非如此。一切的一切都必须与他人合作，如何赢得友谊或是影响他人则不在课程之内。不幸的是，后来证明，那些才是我新生活中的必修课。个人纵使是一个明星，但如果待在一个失败的群体里，也没有什么大用。群体的失败一样会把个人拉下深渊，我们的命运是相互牵连的，也就是说我与我的同学如今是同事，而非竞争者了。过去，我只有在运动场上才能碰到“团队”的概念，在教室里可碰不到。在我的脑子里，“团队”就该放在标明“娱乐”两字的盒子里，而不是在“工作”甚至“生活”的盒子里。我发现我的新挑战就是把3个盒子合在一起。一直到最后，我才又发现其他盒子多么不可或缺，而这才是我教育的开始。

“这么说，你是个大学毕业生?”我的新销售经理这么对我说，“主修古典文学是吗？我想这恐怕没办法让我们的中国推销员服气呢！再过不久，你就是他们其中一些人的上司了。你打算如何赢得他们的尊敬?”又是一个开放式问题。过去我从来没有得到和我大不相同的人的信任，他们有不同的价值观，对世界如何运作或应该如何运作另有想法。除了亲戚与老师之外，我甚至连比我大两岁的人都不认识一个。我从未尝试过探索不同的文化，我也不习惯别人把我当作一个无知的傻瓜，况且对于他们世界里的重要事物，我确实一无所知。这也是我生平第一次领悟到，聪明原来不止一种。

颠覆传统教育

当时我就知道，我所受过的教育确实束缚住了我的手脚。我学过的许多东西完全派不上用场，而在学习过程中培养出来的态度与行为，却似乎与现实生活中所需的一切相互矛盾。虽然我学过哲学，可是我并没有将哲学应用在自己身上。一开始，我以为生活的重点十分明显：奋斗向上、向钱看、娶妻、成家。后来我渐渐明白，生活并非如此简单，我所相信的、认为值得努力的事物，以及和谁一起努力，这些事情变得重要起来。我也开始担忧个人能够有什么贡献，使我不仅赚得到钱，也对世界某个角落有所帮助。

我们的学校不管在生活还是工作方面，都为孩子做了较好的准备，这些对经营一个满意的人生是很重要的，可是我却很怀疑。现在的学科虽然看起来比较相关，但我们仍然只能从工作中学习工作，从生活中学习生活，这话是永远不会错的。但我相信，我们可以通过作更多努力，使教育的过程跟目前生活与工作的过程有更多相通之处，如此一来，现实的震撼就不会显得那么残酷了。倘若全国课程偏重的是过程而非内容，是人和价值观、事物和知识并重的话，人们对教育才会比较有信心。

美国国家婴儿临床计划中心（National Centre for Clinical Infant Programs）列出在校学童需要做好的七大功课，我倒觉得或许在人生中我们也需要同样的功课。这七大功课是：信心、好奇心、目标感、自制力、关联性、沟通能力，以及合作能力。此外，成功的定义并非智商，而是有耐心等待迟来的满足感。丹尼尔·戈尔曼（Daniel Goleman）把这一切属性统称为所谓的“情商”（Emotional Intelligence）。以此为名的书大为畅销，表示许多人也同意他的看法。可惜的是，没有哪一项课程把这些能力列为必修。我曾向一位英语教授请教，如何在高等教育的课堂上培养学生的这些特质，因为这些特质在早期的教育中多半被忽视了。他却回答说："他们来是要学英文，其他这些东西只有到街上去学了。"

给学校的建议

社会期望学校具备多项功能，这也是学校的问题之一，但学校是世人仅存的一个安全的人生练习场，因此弥足珍贵，理应受到保护。可是，学校也必须把它的意义交代清楚。经济史学家托尼（R.H. Tawney）在历经了第一次世界大战（他称之为坟墓世界）之后回到英国，大声疾呼各界推动一种"慷慨大度、富有启发性与人性"的教育来取代既有的制度，它"不像学院那样庄严，也不似酒店一般受欢迎，但却像邮局一样，是绝对必要的"。他对狭隘的功利主义教育方式导致的心灵愚昧加以公开谴责，并且宣称"唯有受人爱戴的组织，才能触动人们的想象"。我们仍然需要在社会的各个角落创建这样的地方。

我认为一所注重生活与工作的学校，若想帮助学生开始为他们的人生负责，为了他们对这个世界的信念，也为了和他们一起工作、生活，或是认识的其他人，更为了触动他们的想象、启发他们的心灵，就应该同意以下7项建议。

发现自我比发现世界更重要

发现自我与发现世界，两者固然都很重要，但毕竟世界一直都在那儿。我们需要竭尽所能建立一个自己可以驾驭的信念。有太多人的学校经历充满了失败，离开学校的时候，他们的自尊心已经饱受打击，深信自己愚蠢、能力不够、学业不精，这是找工作或是开始生活最糟糕的一个起点，尤其是在未来，许多工作必须靠我们自己去创造的时候，更是如此。在21世纪，我们再也无法仰赖组织以它们的技能来填满我们空空如也的脑袋了。

“找顾客而非找工作。”我在儿女离开大学时，告诉他们这句话，因为只有在别人愿意付钱买你制造的或是创造的东西时，你才有被人雇用的价值。但是，要做到这一点，你就必须先拥有自信、一技之长或是过人的能力以及社交技巧，因为，销售自己的产品或服务并不容易。“被雇用的价值”应该成为所有孩子获得的一项保证，就像生来即有的权利一样，在他们离开学校之际，将会具备这三大生存要件，因为它们正是自尊的基石，是通往圆满自我的起点。如果孩子离开学校时没有具备这三大要件，那就表示学校教育失败了。

南非前总统曼德拉在就职演说中曾说：

> 我们最深切的恐惧并非自己能力不够，我们最深切的恐惧乃是拥有难以揣度的权力。我们自问：“我是谁啊，竟能如此聪颖、美丽，既有才干又妙不可言？”其实，谁说你不是呢？你是上帝的孩子，我们生来是为了证明上帝的荣耀就在我们心中。不只是在某些人，而且在每个人的心里。

每个人都擅长于某一件事

哈佛大学的教育学教授霍华德·加德纳（Howard Gardner）曾列出人类七种不同的智力类型，称为“多元智力”。“多元智力”是加德纳在其著作《智能的结构》（*Frames of Mind*）一书中提出的概念，对教育工作者而言，智力具有如此多层次的概念，确实是一大启示。不过，只要稍加思索，一切即显而易见。我们可以在他的清单上再加上戈尔曼的情商概念。可是，即使没有这些学院派人士的协助，我们也可以从自己的经验中，列出属于自己的清单。

随着时间的流逝，也随着我所遭遇到的跟智力或才能有关的事例的增加，我自己的清单已经变得越来越长。以下是我目前的清单。不过，有一个很重要的前提是：不同的智力不需要（通常也不会）相互关联。同时具备三种智力的人未免太过幸运了。事实上，所有的智力都是可以培养的，只不过有天赋的人培养起来要快得多。

- 事实智力（Factual Intelligence）——百科全书似的万事通能力。
- 分析智力（Analytic Intelligence）——推理与形成概念的能力。
- 计算智力（Numerate Intelligence）——易于掌握任何类型的数字。

头三种智力的组合可以让你通过大多数的考试与测验，为你赢得

"聪明"的头衔。不过智力并不止于此。

- 语言智力（Linguistic Intelligence）——一种或多种的语言能力。
- 空间智力（Spatial Intelligence）——看出事物模式的能力。艺术家、企业家与系统分析师具有这种能力，可是遇上考试时，成绩往往很糟。因此，他们的学生生涯往往并不成功。但是，如果他们的自尊心没有受到太严重的伤害，必然有大器晚成的一天。
- 身体智力（Physical Intelligence）——虽然有些人喜欢称之为天分，但运动员的技巧仍是一种公认的智力。我们常常嘲讽一些美国的大学动辄就为体育特长生提供奖学金的做法，不过它们或许只是延伸了教育与智力的观念，我们也应该如此才是。
- 直觉智力（Intuitive Intelligence）——感觉或看到尚未明朗的事物的才能。通常与分析智力互相抵触，使得两者之间很难沟通。
- 情商（Emotional Intelligence）——在人生当中，自觉与自制、毅力、热心与自动自发往往要比其他能力更为重要。戈尔曼引用亚里士多德的话说："任何人都会生气，因为生气很简单。但要对适当的人生气、气到适当的程度、为了适当的理由、在适当的时候、以适当的方式，那就不容易了。"
- 实用智力（Practical Intelligence）——往往被称为"常

识”，也就是识别需要做什么和能够做什么的能力。当其他人仍然还在争辩时，具备这种智力的人往往已经着手开始做了！

- 人际智力（Interpersonal Intelligence）——与他人合作或通过他人完成一件事情的能力。偶尔也称之为“社交智力”，或者提升为“领导力”，这种智力攸关工作的成功与个人的生存。
- 音乐智力（Musical Intelligence）——这很容易辨认出来，不论是歌剧演唱家、钢琴家还是流行乐队，都拥有这种智力。这种智力令人愉快的地方是跟年龄毫无关系，也就是说对年轻人而言，是一条通往成功经验的重要路径。

这份清单可能会变得越来越长，因为或许还有其他类型的智力。这些不同智力的名称并不重要，重要的是这份清单后面的意义：这些林林总总的智力或能力都是我们能够用来讨生活、贡献这个世界与制造一些改变的资源。以下这个假设虽然无法得到证明，但却是挺合理的：我们每个人生来就具备其中至少一种智力。另外，我们观察一些老年人的时候，可能也看不出任何一种智力是否要比其他更重要。不过，任何一种智力都可能发展为自尊心、成功的人生与有益的工作的基础。

帮助年轻人建立个人的“智力描述”（intelligence profile），应该是学校生活的首要职责，接下来要做的则是鼓励学生发展他们最偏爱的一套智力组合，并且找出运用这些智力的最佳途径。这将可以提供自信的基础——如果缺乏自信，就什么也学不好了，而其他方面的智力可以慢慢培养。倘若只是狭隘地专注于这份清单上的头三种智力，那么在那些方面稍弱，而其他智力方面却是天赋异禀的人，很可能会被视为愚蠢，这等于误了他们的一生。

期望老师照顾到每个学生的特质，或许会加重老师的负担。不过现在老师与学生的比率可能也并不合理。在每一个孩子需要得到特别关照的幼年时期，我们没有给予他们足够的关注，在他们完全不需要的时候却亦步亦趋。因此，在小学班上，一位老师要照顾30名甚至更多的学童，而在高等教育学府，一位老师的学生只有10名甚至更少。把这些数字反过来或许是更合理的做法，就理论而言，这么一来，老师的总数不会增加，经费说不定还会减少。

伦敦王家艺术协会学习理事克里斯托弗·鲍尔爵士（Sir Christopher Ball）对于师生比率提出了一个挺巧妙的公式——以学生的年龄乘以2。5岁的学童应该是每10位学生对应1位老师，20岁的学生则是每40名学生对应1位老师。不过到那个时候，他们应该已经是独立的学习者了。显然我们不能直接让大学教授去教小学生，因此我们必须先在小学方面作投资，同时拉大大学中的师生比率。在接受高等教育的人数增加，学校资源却不太可能随之增长的情况下，师生比率其实本来就会大幅伸展。

在美国塔夫斯大学校园里，你会发现“艾略特·皮尔森预科学校”（Eliot Pearson Preschool）与“光谱计划”（Project Spectrum）。这种课程的目标在于刻意培养广泛的智力。这项计划是受到加德纳的工作启发而产生的。加德纳在那儿对4岁的朱迪进行了观察。对一般不经意的观察者来说，朱迪是一个既害羞又退缩的孩子，玩的时候也不和人一块儿，总是站在一边。可是，当朱迪的老师请她为每个小男生、小女生配上他们最喜欢的玩伴时，朱迪配得丝毫不差。她脑中有一幅班上小朋友的社交图，而且她的观察入微，更是4岁孩童中很不寻常的能力。这种技能很可能使她在以后的人生中能够出落成一颗明星，而且是在人际关系较为敏感的领域，如外交、营销或是管理。如果朱迪上的学校比较传统，这种天分将会受到忽视，甚至会被归类成社交能力不足。她的自尊心一定会受到挫伤，而这种挫伤很可能会影响她一辈子。

人生是一场马拉松赛跑，而非赛马

在一场赛马当中，只有前3名是重要的，剩下的都是失败者；而一场马拉松赛跑则不然，每一个跑完全程的人都是赢家。虽然有人跑得比别人快些，有人跑在前面争取领先，但是多半的参加者却是在和自己赛跑，想努力提高自己的水平。对我们大多数人而言，人生比较像是一场马拉松赛跑。我们可以自己选择参加什么级别的比赛、选择自主的步调，而且多半时间都是在超越自己，到最后，没有输或赢，只有参加与变得更好。

英国针对7岁、11岁、14岁与16岁学童所做的强制测验之类的考试，就把教育变成了一场赛马，而非马拉松赛跑，因为无论测验的本意如何，它的分数必然为孩子贴上标准之上或之下的标签。在特定年龄所做的比较分级制，也使教育成为一种分类的机制，而不是一个发展的程序。

如果我们以这种方式考驾驶执照，在每个人年满17岁的时候来个强迫性的只有一次通过机会的考试，只有标准水平以上的人可以拿到驾照，那么我们的道路想必安全许多，因为开车的人技术好得多，人数也少得多。我们学校的测验正是这么干的，可是这并不道德，因为它剥夺了大器晚成的人至关重要的机会。

知道“什么”，不如知道“哪里”“如何”“为什么”来得重要

在我所受的教育中，我一直模模糊糊地以为，教育与培训的目标是为了尽可能在脑子里填满信息，这样在我需要的时候便唾手可得。当然，这会儿我已经全还给学校了。我们在生活与工作中，只有需要的时候，而非之前，才会去学习一些东西。对绝大多数人来说，知识只有很短暂的使用期。除非马上用，否则很快就忘了。这也是为什么在本国学习外语是那么困难，如果新的单词和句式在几天之内还没用习惯的话，马上就在记忆中消失不见了。

今天知识已经是随处可得，不论是在书本与手册里，在光盘或是网络世界里，甚或在他人的经验里。所以我们要掌握的关键不在于设法把所有的知识都放进一个人的脑袋里，而在于知道可以到哪里去找到知识、取得知识，也知道有了知识之后应该如何加以运用。我们需要及早学习这么去做。学校是学生的人生练习场，不应该给学生填鸭式的灌食，而应该教他们学会怎么自己吃。

这改变了老师的角色。老师不再是知识唯一的储藏所（这也是传

统上他们权威的来源），反而必须准备鼓励学生在网络上寻找事实与理论，结果学生对于某些事物的了解往往超过老师。一个人竟能胜过专家，对任何孩子来说，光是明白这一点就已经够刺激了，而有自信的教师也应该同样感到高兴才是。老师真正的工作，是规定学生必须寻找特定知识，帮助他们把答案找出来，并且示范运用的方法。我听说毛利语的“教”与“学”是同一个字，或许他们知道一些我们早已忘掉的事。

当然，所有学生都需要一些基本的技能。文字、数学与情感方面的能力是必要的。我们或许不需要写字或打字，因为将来我们可以对电脑说话，看着我们所选择的任何一种语言在屏幕上一个一个字拼写出来；但我们必须学会阅读与说话，而且最好学会不止一种语言，也能接听电话。在数字化的世界里，许多信息以数字的形式呈现，因此很重要的是，人人能够在人生早期就对数字驾轻就熟，了解到数字之间的关系。更重要的是，我们需要学习如何管理自己的情感，以戈尔曼的概念来说，就是培养自觉、自制、同理心，聆听以及解决冲突与合作的艺术。最为关键的一点是，我们需要学习如何学习，并且乐在学习的过程中。扼杀学习乐趣的学校可能损害我们的一生。

那些生来即具备一定智力的人会比较容易起步，但是在培养所有学生的这些技能方面，一所好学校可以做的事很多。例如“自我的科学”（Self Science）就是旧金山一所学校的核心课程，其设计的重点在于帮助学童了解他们的感觉，以及如何去影响别人。

在这方面，我们应该发挥艺术，尤其是表演艺术的影响力。戏剧、舞蹈与音乐，使年轻人得以在安全的情况下拿他们的情绪做实验。各种类型的表演艺术也让学习变得更为有趣。我曾参观过一位年轻的戏剧老师在南非一个城镇小学上英语课的情形，在南非英语是学童的第二语言。她为班上6岁的学童安排了在各种市井街头会碰得到的不同角色，并且要求他们即兴演出，规定他们只能说英语，又问他们是否需要知道什么特别的英文单词。这个班上一共有40名学童。我看得很仔细，发现每个人都讲了话，而且还有好几个人同时讲，一如街头上会见到的情形。在一小时的课程结束之际，所有的孩子都为自己鼓掌祝贺。

那间教室里的能量与热诚颇有感染力，唯一不受感染的是参观示范教学的正规老师。起初这些老师设法让学童们保持安静，因为他们以为噪音会妨碍学习。当这些老师发现学童能够从角色扮演中学到很多的时候，他们变得紧张起来，因为，传统教学法的改变已大大威胁到他们对自己的看法。

上学应该像上班，反之亦然

几年前，我参观过各种不同的学校，我常常一开始就问学校有多少人，得到的答案总是漏掉了学生。后来我才明白，他们并没有把学生视为工作者，而是把他们视为这些人力工厂里的产品，学生进入学校时仿佛是原料，经过处理、检查、分级，最后才放到市场上销售。

这种想法真是令人沮丧，但也刺激我去思考一件事：如果我们把学童当作一个创意工厂里真正的工作者来看待，老师则是顾问或资深管理者，那会怎样呢？工作内容将会以要完成的作业为重点。大部分的工作由小团队来执行，不同团队之间会有竞争，但团队内部也有合作。作业必须尽可能真实，但也有机会增进技能，并且在限定时间内搜集所需的资料。

如此一来，义务与责任将成为有后果的活概念，因为学生与老师都必须承受那些后果。他们会学到，如果作业迟交或是没有准备妥当，或是疲倦得无法拿出最好的表现，不仅你自己会失望，整个团队也会失望。或许没有人可以是个孤岛，不过除非亲身体会过，否则你不会相信这句话。

于是，学习会被视为更好的学业表现的必要元素，学生也会学到不同智力的组合，这样才能造就一些事情。发现与驾驭这些天分是至关重要的。在适当的时机里，让年纪大一些的学生与年幼的学童合作，可以培养出合乎其年龄与能力的责任感。

我的小儿子天生有一副绝佳的嗓音。他参加了一个名声显赫的大教堂的唱诗班，并被当作唱诗班中正式的成员看待。他在唱诗班中的表现无懈可击，然而在学校较为传统的课程方面，他的表现倒是时好时坏。我问唱诗班指挥有什么秘诀让他在这儿表现这么好。“很简单，”他说，“我们这儿是工作。他把工作看得很重要，是因为我们把他看得很重要。”

在所有事务当中，音乐往往是孩子能够和许多大人做得一样好的事之一。他们视音乐为工作，它的确是工作，需要纪律、练习与高水平。他们在准备表演的时候，项目合作、专业主义、自尊与热情一样不缺。他们的评审是观众，不是父母或老师，也不是学校。工作或许永远无法再如此令人同样满意，但年轻的表演者品尝了一次它的滋味，他们的自信心也将因而受惠。

我认为，学校应该更像工作组织的提议可以也理应继续贯彻下去。现在的工作组织把自己的资源集中于“核心竞争力”，而把其他的工作组织外包出去。学校已经慢慢朝着这条路走了，不过目前只外包了伙食与维修的工作。只有他们把自己看成学童发展方面的设计师与管理者，而不仅仅是老师，才可能继续走下去。学校不能，也不应该做所有的事。如文书处理、计算、驾驶、基本急救训练、语言、家庭管理、金钱管理、项目报告技巧之类的实用技能，其实都可以委托给专家，让老师可以了无牵挂地专注于学童更全面的教育与发展。

像德国那样在工作场所学习，才是学习技术最好的方式，但这也可能被看成是学校的附属品，或是教育的一部分，受到学校的监督或安排。要学习社会上的工作，或是我们周围世界的价值观与规范，最好的方法也是由学校指定或是安排工作事项，在邻近的社区学习。把工作场所变成年轻人的学校，这个解决办法不见得会受到企业主的欢迎，但他们或许渐渐会明白，早期的教育要比日后的补救教育更好，也更便宜。如果工作所需的技能与态度在工作中可以学得最为淋漓尽致，那么工作场所就必须参与其中，不仅是作为终极目标，更应是学习过程的一部分。

在工作与学校的训练之间，责任若能划分得好，学校就能专心于它们最擅长的事。雇更少的核心人员、拿更高的薪水、取得更多的成就是工商业界的生产力公式，实现之道即是人尽其才，而且把事情做得更有效率。如果学校也采用同一个公式，就可以付给老师较好的薪水，恢复他们的自尊心。近年来老师在这方面偶尔有所欠缺。曾有人说1944年的《教育法案》（Education Act）是对英国父母信心最大的玩弄，法案中指出，学校必须对孩子的发展负责。那绝不是真的，也永远不可能是真的，但它却使得每个人都把这个工作丢给学校。如今颠覆这个假设的时候到了，在教育孩子方面，我们应该给予学校一个较小却颇具关键性的角色。

社会上一直都开展着各种各样的学习，但其中大半发生在学校之外，我们不该为此感到遗憾，反而应该加以利用才是。

人生是以家庭为起点的发现之旅

我曾说过，对于大多数人而言，人生是个发现的历程——发现我们是谁，能做什么，最终则是我们为什么存在，相信什么。这是个循环的过程，因为当我们发现自己能做什么，并且找出我们存在的理由时，我们看待自己的方式也改变了，这使得我们向新的方向出发，发现新的能力，也发现我们存在的新理由。这种螺旋式旅程即是终身学习的真正意义，对追寻这个意义的人来说，它依旧是一种令人无比着迷的经验，不仅丰富了个人的一生，也让周围的人过得多姿多彩。厌倦于这趟旅程的人，等于厌倦了生命，他们是无趣又乏味的，他们的麻木冷漠也会很快地感染身旁的朋友与同事。

学习如何旅行的最好方法就是开始旅行，并且有经验丰富的旅行者随行教导与帮助。对于年轻人，也应鼓励他们迈步去探究人生究竟有何意义，因为这将使他们展开第二轮的循环。年轻人与生俱来的好奇心是旅程所需的唯一燃料，只要没有被浇熄就好。从本质上来说，学习如何学习是个发现的过程，只有先完成了这一过程，才能谈到发展自我的问题。

这个过程好比人生当中大多数的重要事物，是教不来的，只有鼓励。对学到的教训也无法给分数，因为每一趟旅程都是独一无二的。由于小孩子学习得快，这些课程不能延迟到他们上学才教，因此，父母必须担任教练。这很困难，因为父母也在学习。社会上有三种重要的工作是既不需要培训也不必审查资格的，虽然它们最需要被培训与审查，那就是管理者、政治人物与父母。

虽然爱德华·德·博诺（Edward de Bono）称，我们思考的能力可以通过教育达成，而且他的说法也十分可信，不过学着了解自己就更微妙了。它不太容易融入正式的课程，但可以从学校的围绕式文化（enveloping culture）中脱颖而出。我曾对我儿子的校长抱怨学校太过于偏重学业了。他回答说，那是因为社会（尤其是学生家长）认为考试结果十分重要，他只能尽可能有效率地达成他们的心愿。“但是，只要做到了，”校长说，“我们就开始真正的教育，也就是寻求个人的独特性与意义。我们都知道其实那才是人的本来目的，但我们得先把数字弄对了，才能放手去做。”

学习是经验，在宁静中习得

我们借着反省发生过的事而学习。这个过程很少是倒过来的，不过大部分的教育计划却恰恰反其道而行之。我们希望在人们开始生活之前，就教会大家如何过活；或是在他们进行管理之前，就教会他们管理之道。结果，这些教导根本就记不住。最接近这种方式的是模拟教学，而在压根不能出错的地方这种方式更是有其存在的必要性。没有人想要一位不曾接受过训练的飞行员。但是不管做了多少角色扮演、案例研究或是项目计划，都比不上现实人生的体验。我们需要在学校里尽可能多地累积真实经验，但在放学之后，我们也必须提供更多反省与学习的机会。

教育不只在学校，人生即提供了我们所需的一切学习经验，我们缺的只是时间、地点，以及帮助我们从这些经验中学习的人。我们需要把整个教育系统想象成一个人生大学，其中的每一个人都有权研读。

事前装货式（front loading）教育制度最大的危险，在于它变成了一种机会不再重现的经历。如果你一开始没有成功，通常就不被允许再试一次。这对那些天生无法适应教室课程的人而言尤其苛刻。在一个背景至上的社会里，处处都需要学历或是资格，一种容易取得的终身学院制度是很有必要的，这一类的学院应该办得有声有色，同时又不给人以威胁感。

因此，我们应该在思想上更富冒险精神才是。我很喜欢英国伯明翰发起的“第一阶段大学”（University of the First Age）的想法，这些学校提供给学童的是校外经验与校外教学。称之为“大学”，是希望听上去比较正规，而它所做的事情则比较实际，也比较不同于一般的学习传统。我也喜欢“社区大学”这个概念，学生可以在这里为非营利组织服务，并且在一段时间的工作顺利结束之后，得到一张证书，以证明他们有从事类似工作的能力。大学在此成为一个工作组织，教职员则是组织中的成员，由外面的团体确认与核准。用“大学”两字，是为了博得尊敬，而所选择的环境，也很真实。企业本应提供许多大学所需的素材与教职员才是。

我们还可以设想得更大胆一点，把它想象成人生全科大学的一部分，我们努力从教育系统之外，为每个年轻人提供一位导师，一个对那名学生的人生进展具有积极意义的良师。身为良师这种事必须出于自愿，否则不会奏效，而且这种关系必须双方都能接受。不过，在不同世界之间建立更多一对一关系的机会，都是值得发掘的。年轻人缺少不同类型的成人榜样，除了父母和老师之外，他们认识的成年人少之又少，而父母、老师这些权威人物很可能在其青春期就已经被排斥在榜样人选之外了。从同学或是运动明星、音乐明星这些成年人的模范中，他们很难养成对未来人生的实际看法。尊重自己的第一步，往往是赢得你所尊敬的人的尊重。

伦敦一所包罗万象的大型学校共有来自50个不同国家的1 450名学生，他们已经开始自己的导师计划，共有40名顾问与来自于一家大型管理咨询公司的员工参与。一位管理者对此计划的初步结果印象非常深刻:“学生的信心与目标感明显增加了。”伦敦的另外一所学校也在邻近的一家出版公司开始类似的计划。这些项目计划都属于“社区企业”公司设立的“根与翼”（Roots and Wings）计划的一部分。未来说不定每一个青少年都有可能选择来自外面世界的志愿者导师。这或许是企业在影响我们年轻学子的教育方面，所能做的最有益的一件事。

如今的确是大胆想象的时代，我们需要颠覆过去对教育的了解。现在也是明了学校应该设在一些不可思议的地方，一些过去我们从不认为可以办学的地方的时候了。只有这样，年轻人才能获得自信，因为那是尊重自己与建立责任感的先决条件。

第 11 章

Chapter Eleven

政府的新角色

A Part for Government

仅在工作场所与学校里提倡责任感与自治是不够的。如果不应用于较为广义的社会，那么推广工作场所中"完全公民身份"的观念也没什么意义。政府具有多种角色，从保卫疆土、提供生活所需，一直到维护地方的基础设施。我们在此只关心一部分，那就是政府在提倡个人对于自己与他人的责任感方面，能够也应该扮演的角色。

首先，我们需要考虑以下事实的意义何在：市场以非常彻底的方式把成功与不那么成功的事物区隔开来。这个竞争的过程为整个国家创造了财富，但这份财富并没有为大众所均享。几个世纪以前，弗朗西斯·培根曾说："金钱好比粪肥，只有撒到大地上才是有用之物。"政府的责任是运用市场创造的财富，虽不能让每个人都生活安逸，但至少得让生活过得去；也不是把钱给大家分一分就算完事，而是要用来投资，以构建一个可敬的社会。你不能把平均分配社会财富的事完全丢给那些有钱人去做，因为那些人是不会去做的。我们也已经注意到那些钱不会自己从天上掉下来，更不可能自动散播得又快又远。

我们都想要一个可敬的社会，也知道建立这样的社会需要钱。富裕国家因边缘人群的贫穷，以及无知、愤怒与暴力而扭曲变形。我们正在制造凶暴的新一代年轻人，在一个强调头脑与指尖的世界里，他们看不出自己的肌肉有什么用处，或者说，在未来以服务业为主的经济中，他们那不可一世的自我也毫无用武之地。除了犯罪、吸毒或是无所事事之外，很难看出他们会有什么出路。我们可以谈论个人的责任感，不过，在个人没有受教育或是没有得到任何帮助的情况下，这种谈论对许多人来说都毫无意义。

长期来看，如果每个人都能受到更好的教育，对我们大家都有好处，提早帮助问题家庭脱离困境，也可以免于未来在城市的警察、监狱与看护方面投入更多的花费。想要有一个更可敬的社会，也准备为它付出代价，这可以说是一种适当的自私。既然如此，那我们为什么不投票赞成政府收取较高的税金呢？答案似乎是，我们不信任政府会按纳税人所希望的方式花钱。

公仆的责任

伦敦王家国际事务研究所（Royal Institute of International Affairs）制作了一张有趣的图表。国家越是富有，就越像是人民的仆人，而非人民是国家的仆人。这其中有个干扰的变数。我们在习惯于较为富足的生活之际，既想对自己的人生多一点掌控，也希望国家提供我们生活所需，而非管理我们的生活。为了想担负更多的责任，我想英国人民将很快正式宣布自己不再是子民，而是公民了。

对许多人来说，个人责任感与适当的自私的理论只是一个空洞的梦想，除非我们可以提供他们一些资源，让他们达到某种物质方面的"满足"，而且接下来也能够成就人生的目标，并且找到他们的白石头。这也是政府身为公仆所应尽的一大主要义务，如此一来，每个人才可能实践这种责任感。那么，政府在担负其他义务的同时，应该如何去做到这一点呢？

公仆与公民

一个以公仆自居的政府，应该提供生活的基础设施，使得市场经济中境况不佳或是未来可能不顺利的人，比较容易有机会翻身。基础设施之上的建设仍然是个人的责任，不是政府的责任。履行这样的责任正是人生的意义所在。即便是放任我们这么做的结果会让我们过得很辛苦，但是任何越俎代庖的企图，都算得上一种善意的盗窃行为。

因此，第一项任务是，必须指出现代社会中所谓的生活基础设施究竟是什么，留给个人的又应该是什么，以及基础设施应该偏向哪一边。自认应该控制与管理全国一半的年收入的政府，可能就面临着平衡的问题。

以公仆自居的政府如果想当个可敬的仆人，也必须受其公民的控制才行。政府若是说“选我们，我们会本着人民利益去做事，一切交给我们吧”，等于把民主变成一种家长政治，甚至是一种独裁政治。

每过四五年投票一次的责任履行方式，实在渺小得几乎没有意义了。既然我们在这种制度之下不太能改变任何事情，还不如干脆不要参与，或者即使去投票了，也要为自己的利益而非国家的利益而投。漠不关心与愤世嫉俗是民主的两大真正的敌人。一旦我们觉得周围发生的事情责任不在自己的时候，家长式的民主也将使我们对至亲之外的人毫不关心。我们的抱负将变得太狭隘、太专注，自私也很容易变得不恰当了。

恢复收支平衡

什么算是基础设施？在个人的收入中，该留多少给我们自己？又该交出多少给政府代表我们去花钱？

在讨论这个问题之前，让我们先看一组数字。欧盟15个国家的政府花费占国内生产总值的42%~59%。在美国与日本两国，这个数字只有35%。而新加坡与中国香港这两个现在都比英国更富有、人民寿命也更长的地区，政府只拿走不到20%。到底谁对呢？

问题越来越复杂了。我们前面提到的数字出自伦敦王家国际事务研究所的研究，它们也计算出，经济合作与开发组织国家的中年上班族，这一辈子从政府那儿收到的福利金，将比他们付出的税金平均要多10万美元以上。不过在21世纪，他们的子女就得付出多于福利金20

万~30万美元的税金。换句话说，如果我们诚实可敬，不在下一代不知情的情况下跟他们借钱，我们的政府就会花掉我们更多的钱，而且如果我们不设法予以补救的话，未来政府还会花掉更多。这应该吗？

问题不仅是需要多少钱支付一切生活所需，不管是国防、警察、监狱、医院、学校、道路、下水道、铁路，或是（最重要的）养老金，而是谁来支付这笔钱，谁就对这笔钱负有责任。把这个公民责任剥夺了，就如同政府不相信我们能够照顾自己的生活。有些人怀疑，政府或许是对的，因为我们很可能会不知节俭，无法省下足够的钱颐养晚年，或是度过失业的日子，但是危险在于，这个假设很快就会变成一个自我实现的预言。我们不知未雨绸缪，是因为我们不需要未雨绸缪，结果是一切丢给国家去做，同时个人的不负责任受到了鼓励。

还责于民三步骤

西方政府如今明白自己已经走到了悬崖边缘，如果继续这么走下去，即将坠入无底的深渊，因为它们所许下的承诺，远远超过了自身的偿还能力。这个经济僵局的结果使得每个政府不得不把责任交还给公民。

从崖边回头的第一步，即是抛弃过去根本不该进行的活动。政府曾经试图掌管私营部门原本可以管理得很好的企业，事实上私营部门通常会做得更好。企业私有化得来的钱当然进了国库，而这样便可减少必须借贷的钱，或是必须提高的税金。

第二步是把国家垄断的企业，如自来水、天然气、电力供给都卖给私营部门，但由国家管理。对新的管理者与股东来说，我们希望这种收益的诱因可以增加效率与提高对顾客的服务质量。

第三步虽然无法改变政府的账目，但可能比较有未来。诸如医疗保健、教育等事务，可以给人民一种类似于凭证的东西，相当于国家签署的支票，让他们在自己选择的地方消费。其基本概念是把他们的供给单位（无论是医院还是大学）变成一种企业似的组织，借此改善效率。

我曾在前面论及这些方面的企业概念所带来的始料未及的后果，因为它让供给单位得以选择想要的顾客，顾客也一样可以选择供给单位，这迫使供给单位互相竞争服务水平，同时让大家得以拥有一定限度的选择，而且必须是在地理与财务方面的限制之下，这样才可以培养我们对人生重大决定的责任感。

加强医疗与教育

基础设施就应该偏向医疗与教育方面，把更多财富和利益交给境遇不好的人。如果我们把金额较高的凭证，或是相当于凭证的东西给那些最需要的人，例如贫民窟里的孩子、慢性病患者、无一技之长的人，他们将成为最受欢迎的顾客，因为这些人可能带来更多的资源。

我们必须记得，如果没有选择，责任也就失去了意义。要帮助那些未来可能是最不幸的人，光是撒钱给他们是不够的，除非受惠者也有机会作某种选择（也因此为自己的未来负起一些责任），否则即使是花大钱投资学校、医院与周围的环境也一样治标不治本。在教育方面，一开始，我们或许可以提供课外科目的凭证，增进课堂上不曾发展的各种智慧。我们甚至可以考虑把正式的课程限定在上午，下午则由学生靠凭证自主选择。

福利金与养老金

然而，真正的大变革应该是福利金与养老金制度的私有化，这些几乎占了政府所有开支的一半，而且随着人口老龄化，这笔花费只会越来越大。倘若一切不变，比方说税金保持不变的话，美国在2030年的公债将是国内生产总值的250%，是第二次世界大战结束时的两倍。不过，不用担心，这种事倒不会发生，因为要借那么多钱，光是利息就不得了，而且也不会有人愿意出借的。欧洲或是日本的情况也差不多。所以，我们非有所改变不可。要改变的是我们对自己未来的财务状况应该负起的责任。

我们再回过头来看看新加坡的数字。国家开支低的原因是几乎没有养老金或是失业金的支出。这并不表示没有人想到这些事，只是处理的方法不同。新加坡所有的工作人口通常都把薪水的40%奉献于养老基金（Superannuation Fund），企业与个人支出的份额基本一致。基金将工作者的这些钱用作投资，不过多半是投资在政府的股票上。相形之下，英国的工作者以薪水支付所谓的“国民保险”（National Insurance），听来有些类似新加坡的养老基金，但事实上却截然不同。它其实只是一种附加的所得税，因为这些钱最终直接进了英国政府的荷包，而不会再有额外的利润回馈给纳税人。

可惜大多数的英国人并没有意识到这一点，他们还以为自己为晚年慢慢积蓄了一笔不错的养老基金。其实，他们得仰赖后人的慷慨捐赠，因为目前英国的养老金紧扣着物价指数，而非薪水（薪水通常上升较快）调整，英国在2030年的养老金将仅仅相当于平均薪水的8%。实在没有什么油水。对德国人以及大部分的欧洲人来说也是如此，他们向来是期望养老金高达平均薪水的66%，并从目前的政府收入里支出。等到政府的收入没了，养老金岂不是也没了。

政府需要提供养老金的基础设施。我们需要一个受到国家规范的强制系统，每个人都交出一定比例的薪水，一部分由我们自己支付，一部分由雇主或是顾客支付，把这些钱直接投入养老金计划，并且由国家负责。我用“顾客”这个词，是因为有越来越多的“组合式工作者”是没有雇主而只有顾客的。因此，对他们而言，就必须有一个像VAT（value added tax，增值税）的制度，把销售发票面额的某个比例自动转入退休计划。由顾客支付比较好，意大利的做法就是如此，不过钱倒是直接进了国库。同时也应该有一种强制性的保险计划，以支付可能遭遇的长短期不等的失业状况。在这方面，还可以加上“学习银行”的观念，由雇主或政府自愿贡献一笔钱，用来培训或是教育任何人生阶段中的个人。

把福利看成债务

一段时间没有赚钱，或是薪水太少而付不出钱的人，可能需要一个贷款计划，因为想必有一些大学生的学费是向政府借的，等薪水到了相当水平的时候，再通过所得税制度偿还。但是仍然有很不幸的少数人可能永远达不到这个标准，他们将一辈子欠着政府的债，一直到死。其实这样的状况和这些少数人的现状并无不同，不过他们将不能再把收到的钱视为权利，反而必须看成是债务，算是提醒他们对自己的人生负有责任。

这个问题是普遍存在的，并且没有便捷的解决之道。所以我们才更应该立刻开始有些作为。令人振奋的是，英国所有的政党都已经开始思考这个问题。欧洲其他国家以及北美洲大部分的政治人物仍然希望这个问题不会变成事实，至少在他们还活着的时候不会。智利是南美洲唯一开始采取行动的国家，但它的制度只有利于付得起钱的人，太多的人被挡在门外，因此这并不算一个好的答案。

所有这些计划可以说只是在玩统计游戏罢了，因为涉及的金钱一样多。何必自找麻烦呢？有人可能会这么问。愤世嫉俗者说，这么一来，政府看起来精瘦且健康，更像新加坡了，它从人民口袋里拿的钱几乎和英国一样多，却老老实实用到不同的渠道。另一些人则认为它迫使不同团体更透明化，也可能因而更有效率与效力。我赞成朝这个方向改变，因为它强调我们每个人对人生的责任。我们放什么进去，也将照样收什么回来，但希望还加上利息。国家的责任仍在于创造基础设施，并且责成我们加以运用，保障我们不受制度失败的伤害，比方说，即使我们投资的全球股票或是债券市场崩盘，到了山穷水尽的时候，国家仍然是我们最后的解决办法。可是我们如果想要有任何赢得自尊的机会，就不该把国家当作首先与唯一的解决之道。

不过，这种私有化制度的危险在于，我们只想到自己，完全没有为社会尽心力的观念。当然，缴税只是尽一份心力的表现，但是看到意见调查结果，得知大多数人在税金必须用于改善教育或医疗的前提下，愿意付更高的税金（至少在英国是如此），总是一个令人振奋的消息。

如果将养老金从政府开支中扣除的话，很可能在数字的巧妙安排之下，会有明显的减税以及花更多钱的空间。由于养老基金是我们自己为自己省下来的钱，所以不算税金，因此，我们缴的税金，就是我们对整个社会的捐献。

工作的效率与效力

但是，要分配的财富却是工作创造出来的。工作也是个人责任感的一大关键。它仍然是每个国家最严重的问题。较低的失业率数字是骗人的。领失业救济金的人数减少，往往表示人们决定提早离开职场，这可不是好消息。人们需要工作和拿薪水，一来是为了维持生计，二来是为了减少下一代的负担。因此一份好工作必然既能提供足以过日子的薪水，又能满足个人的价值感。如果两者皆无，这个社会将变得越来越不公平，感觉虚度人生的人恐怕也会越来越多。

如果政府魔杖一挥，就能为每个人发明一个工作的话，许多预算与其他方面的问题也将获得解决。要真那么容易就好了。某些部分或许真是如此。如果政府在非竞争性的基础设施方面不那么执著于效率；如果政府能够给学校和医院之类的组织额外的开支，把它看作一种投资，而不是成本的话，就可以在那些地方造就更多的工作机会。虽然就成本来看，学校和医院可能效率较差，但是在成果方面却较有效力。

我曾建议南非人应该考虑采用当时日本人对于失业的解决办法。不知是出于刻意的设计，还是历史前例使然，日本人把竞争性强的出口业与不具竞争性的国内企业区分开来，后者还受到严格的规定。他们的百货公司显然人手太多，不但门口有人跟你打招呼，乘坐电梯还有人为你按按钮。上回我去日本的时候，在东京中央车站买了一张火车票，买这张票需要经过好几道手续、好几个窗口，每个窗口后面都坐了一个人。如今日本人为了恢复整体经济的生机而渐渐解除国内企业管制，这些多余的人也越来越少了。不过我倒觉得只要不伤及国家的出口，比起付钱给无所事事的人，让他们工作反倒是一种比较高明也比较理想的选择。

扩展个人服务的市场

不过真正大量的工作机会，在于“个人服务”这个可以无限扩展的市场，无论是照料小孩与老人、做家务、整理花园、在商店里兼职，还是担任个人、组织的兼职专业助理。如今已经有将近一半的劳动人口是兼职或是自雇工作者，未来也将是由这一部分的人提供工作给越来越多的人来做。但这类工作的性质是比较没有安全感的。许多人也很难进入这个圈子，因为他们必须自我推销，也推销他们的服务。对大部分的人来说，这种事做起来并不简单。

一家名为“员工共有”（Employee Mutuals）的公司未来会大有发展。它是雇用劳动力的中介机构，介绍员工给需要的顾客。它算是一种职业介绍所，但有一点不同，它既为个人工作（也就是“员工共有”公司的共有人），又为顾客工作。“员工共有”公司提供个人培训，也担任他们的经纪人，代表他们收取酬劳。总体来说，就像他们的大本营一样，也像是这个艰苦世界中的一个避难所。这家公司的所得来自于从每个人薪水中抽取一定比例的税金，不过只要有多余的钱，即属于每个成员。我们需要政府协助，为“员工共有”公司这样的组织设计新的合法形式、税金结构，并且协助我们完成若干个实验模型。这种协助可算是在工作的基础设施方面一个小小的投资，对象又是最需要的人，同时也让他们为自己的人生负责。

过去为我们大多数人提供谋生手段的组织，把我们和市场连在一起，把我们的技能和时间投入有益的产品与服务。而现在有越来越多的人只能靠自己了。如果大型组织已经不再提供大量的工作，我相信应该有人创立一些组织来保护这些工作者才是。

改变津贴与补助方式

尽管纳税人仍然付出一样多的钱，但心里仍希望政府经手的数目少一些，留给人民的多一些，好让我们为自己的人生多负些责任。现在我想建议大家认真看待“大部分的人为了更文明的社会，宁可多付税金”这回事，但前提是必须对政府用钱的结果更有信心才行。

我认为更高的税金是可以接受的，只要是取之于地方，用之于地方。如果能够看到地方环境改善，能够再一次为邻近社区的学校和医院感到自豪，那时候，也只有那时候，我们才会觉得自己所缴纳的税金用在了刀刃上。如果情况没有改善，我们也知道谁应该为此负责，大可以用选票把他们赶出办公室。

我已经改变初衷，开始相信抵押税或是指定税的概念。没有一个政府喜欢这种税，因为它会束缚手脚，人民不但会要求政府把税金花在当初征税的名目上，而且还会要求政府交代钱是怎么花的。这项要求勉强可以理解，不过效率也需要受到效力的平衡。如果我们单独缴医疗税的话，就会觉得它比较像保险费，而不是税金，也会因此比较了解医疗保健的花费到底是多少（在英国占所得税的60%）。教育也类似于此。有些人难免不想缴这种税，说什么他们自己会防患于未然，或是没有孩子要受教育等。但是，他们的捐献可以也应该当作他们在应有尽有的社会中必须承担的风险，即身为一个可敬社会的公民应付的成本。如果纳税人有一天能够确定税金最后会用在哪里，说不定大家都愿意多花一点钱在教育与医疗上呢！

这些指定税需要像现在的所得税一样定出等级，不过，总预算里一旦除去了医疗、教育与养老金，政府就可以剔除所有人的所得税，不过最富有的公民当然不在此列。如果剔除大部分的税赋，使国家税收主要依赖支出税的话，也将鼓励人们做更多工作，即使是为了微薄的薪水也无妨，而且人们会愿意存更多钱，因为只有消费才会缴税。

支出税是递减式的，也就是说变相地处罚穷人。因此有两种很重要的做法，其一是引进一种类似于基本收入的办法，奉送给每一个人，可是这么做不但复杂，而且昂贵；其二是另一种比较有趣的方法，即以津贴补助生活必需品，而非奢侈品的消费者。乍看之下，这似乎和最佳的市场惯例相抵触，不过一个竞争激烈的市场在津贴水平之下经营不足为奇。

倘若将这个原则应用于公寓、公共交通、基本粮食以及水、电、天然气等方面，就意味着低收入者的生活仍然过得去，任何多出来的钱都可算是一种财富，因为它不需要花在生活必需品上。换句话说，物质方面“足够”的水平将会降低，这使得更多的人可以自由过他们想过的日子。对于较富有的人来说，他们的税金用来支付津贴，取得这些服务的成本也降低了，两者之间于是有了明显且直接的关系。他们的钱不再用来补助低收入人群，虽然现在大部分国家的做法正是如此，我们反而可以削减必需品的成本，使得每个人的生存不成问题，不需要明显的津贴补助，从而把尊严还给了大众。

津贴或许不明显，但有些人会辩称其实有些地方已经给过补助了，这么做很可能造成市场机制的扭曲。然而，当我们提供的医疗与教育是免费的时候，就不会称之为“津贴”。大英博物馆宣布任何人不需要买门票进场的时候，并没有人谈论市场会因而扭曲。花在降低生活必需品成本上的税金可以受到精确的监控，而且让所有人都看得见，生活成本与薪水因而降低，收入津贴所涉及的贫穷陷阱也会减少，甚至是被完全铲除。

个人有责任安排自己的人生，而不需要事事依赖国家。

参与的结构正在改变

1996年，法国的道路被卡车堵住了，迫使附近几个国家的交通为之瘫痪。那是一种非常法国式的公开抗议，是他们从农民那儿模仿来的，以前农民要表达愤怒或是宣泄心中无奈的时候，往往就把拖拉机开到路当中，这一回轮到卡车司机了。表面上看来这只是卡车司机为了争取提高工资、缩短工时与提早退休而发动的罢工，但是在社会历史学家西奥多·泽尔丁（Theodore Zeldin）看来，这是欧洲政治面貌正在改变的另一个征兆。他说，卡车司机要求的既是更好的工作条件，也是更多的尊严与尊重。这种寻求个人尊严的做法将使政治为之改观，因为有越来越多形形色色的群体，如学生、医生、教师与法官纷纷抱怨，政府一方面把人民教育得崇尚自由且负责，另一方面又当他们是国家的被动工具，告诉他们该做什么、如何去做，或是像法国那样，告诉他们开什么药方，要不然就像英国，在法庭上分配处罚的方式。

上一代的卡车司机不会像1996年的司机这样抱怨工作，那时候仍然是工业革命之后的世界。重要的是让工厂继续忙碌，员工也因此才有工作。如果工作乏味、肮脏或是普通的话，人们虽然叫苦，却也逆来顺受。现在的工作不同了。工作应该是有趣且有变化的，好让人们有空间锻炼自己拿捏分寸的能力，并且增加自己的能力。如今光有钱是不够的，个人的尊严也很重要。工作一定要先适合人做，获利与否则排在其后。

以公仆自居的政府，必须让人看到它是在为人民服务，得到人们的认可与赞同，而不是为了一己之便，把人民呼来喝去。如果我们希望确实感觉到政府是在替人民办事，就一定要消息灵通，并且积极参与一些相关事务，政府也应保证每个人都具有基本的自由权。不过在此或许也应该提醒大家，享受权利之余，往往也应尽义务。另外，很重要的是，要提醒统治者，他们应该是我们的公仆，义务必须与权利取得平衡，因为支撑尊严的正是权利。

迎接信息时代

中间层的渐渐消失，不只是在企业与组织中普遍存在的现象，到处都一样。而科技正是这种变化的驱动力。那么多我们需要知道的信息就在指尖和屏幕上：我们即将可以在没有律师帮助的情况下自己买卖房屋；在没有旅行社协助的情况下安排自己的假期；买卖股票不需经过任何股票经纪人；投票不需要离开家门；更可以在没有教师的帮助下，挑选任何我们喜欢的地方教育自己和子女。

我们不想完全抛弃事物人性的一面，但是中间层，也就是专业人士的角色会从信息提供者变为诠释者、导师与教练。届时我们也将为自己做更多决定，因为在这个“按按钮、选定、再按按钮”的世界里，这么做比较简单。在这个过程中，我们会学到东西，而在学习中，我们得以发展自信。一旦我们学会为自己决定更多的事，恐怕就再也不肯让别人替我们做决定了。

大问题与小问题

不管我们喜欢与否，真正大问题的决定权已经超越了国家疆界，不是为全球市场的压力所操控，就是交由类似欧盟、北大西洋公约组织（NATO）等来决定。而一些较小的但是和许多人息息相关的问题，如道路与学校、警察与医院等则是地区性的问题，由地方来决定。

我认为这多半是个好消息，因为它使个人更愿意参与和他们相关的事务。个人将主导自己生活中的重大决定，对地方事务享有更多的发言权。他们自己与身边的人会因此更有责任感。责任加重了，自尊心也将随之增长，这份自尊心使他们更能包容他人的权利与行事方式。社会上的暴戾之气应该逐渐减少。适当的自私终将得胜。

一条法律制定了，如果只印成小小的字，我们多半不会留意。权利必须印得大大的，看得清清楚楚的，我们才敢大胆履行责任。先有权利才会生出责任感，而非反其道而行之，因为，责任感依然是真正的“适当的自私”的基本要素。

结 语

2097年的世界

1997年，英国乡间杂志《乡村生活》（*Country Life*）为庆祝杂志创刊百年而发行的特刊颇具特色。杂志头条刊登了一张全身除了珍珠项链之外，未着寸缕的女士照片，另外还赠送一本1897年1月8日的创刊号，并且委托经济学家与环境学家戴维·弗莱明（David Fleming）编著了一本名为《公元2097年乡村愿景》（*A Vision of the Country AD 2097*）的书。

过去、现在与未来的组合横跨了200年。《乡村生活》承认，这个特别的幻想使人相当不舒服：未来世界的人口数量翻番，而传统食物来源又无法满足人类的需求，因此大家只得吃海藻过活；90岁的运动员在奥林匹克运动会上参与竞技；约克郡可能因为气候改变而成为英国版的普罗旺斯；夏天会变得太热，阳光也太危险，而冬天则更为酷寒。

富有的人会非常富有。全球信息与全球经济将把全球财富带给激烈竞争的世界里成功的少数人。这是一个最优秀的人行遍万里，其余人寸步难行的世界。

由于大部分财富将在网络上被创造出来，税收将会变得十分困难。因此，除了保障最基本的生存之外，国家将无法资助越来越多的老人与失业人口。到时大批穷得无立足之地的人将会像英国伊丽莎白女王时代的乞丐一般四处流窜，对富人为自己建造的绿洲构成威胁，富人于是成立私人军队保护自己。民主很可能会在强力拉扯之下分崩离析，向新的权力与庇护者屈服，任凭有钱人代表其余人做决定。届时办公室不再必要，城市也将土崩瓦解，成为一片都市荒原。

历史上，我们曾经见过这样的场景，而那是发生在中世纪的时候。许多人确实很想把这一切斥为无稽之谈。回顾100年前的《乡村生活》创刊号，我们发现未来的改变毕竟不如假想中的那么剧烈，那么迥然不同。其中当然有社会与科技方面的发展，但尽管经历了两次世界大战的浩劫，大多数国家的状况都比过去改善了许多，人民也至少和过去一样快乐。

这么想的话就未免太过乐观了。从过去到现在，改变虽然不如一场世界大战那么激烈，但是人口统计、气候与环境的衰败却有过之而无不及，只是没那么显而易见罢了，因为腐败是无声地蔓延，而不是猝然爆发的。全球市场不会是一个舒适畅快的地方，未来若想从中挑出企业中的精英，势必更加残酷，而且在没有国界的网络世界里，谈什么国家主权都将徒劳无益。

美国亚利桑那州太阳谷的墨西哥人一天工作16小时，每小时的报酬仅仅5美元，甚至更少，这点薪水在一个富足的世界里真是少得可怜。我怀疑，世人究竟还能忍受这种不公平多久才会起而反抗？

人人平等竟变为个个贫穷。如今人人自由也变成只有某些人富有的意思。

法国人说得对——唯有博爱才能把自由与平等这两种看似对立的理念连接在一起，不过现在博爱似乎也面临缺货。为了在“尽情做自己”与“需要一个可敬社会”之间重新取得平衡，我们既需要关心自己如何在危险且不确定的世界中生存，也应该对他人的需要付出相当的关怀，而这当然也是一种适当的自私。要做到这一点，我们不能靠立法，而只能靠更多人看出其中的道理。

未来并非一片晦暗。说不定“经济增长”与亚当·斯密认为应该是社会正当目标的“陶冶修炼”已经可以相容了。信息时代令人高兴的结果之一，是有更多的人可以在不破坏这个世界的情况下，享受人生之中的美好事物。未来，将会有更多颇为有趣的可能性出现。

七个可能的消息

未来许多商品会更多考虑环保性

例如一张光盘吧，可以存一整套大英百科全书，而不需砍倒任何一棵树，陈列在书店里也占不了多少空间，更不需要血汗工厂（sweat shop）去生产，或是需要庞大的卡车运送。

信息时代的许多消费品就像光盘一样对环境无害。唯一要小心的是，别因为遨游于网络世界，坐在电脑前面太久以至于腰酸背痛。

新时尚的流行将对身心有益

未来会有大幅增长的新领域，例如保健企业，不是通过医疗，而是通过运动、散步与骑自行车来保持健康的，都是些对环境无害的活动，同时对身心皆有好处。

我们还可以加上教育。不是我们小时候那种填鸭式的，而是成年期的自我充实式的教育，由我们选择学习的内容与地点。

健康与教育是经济新风貌的主轴

在我们越来越富有之际，花在“时间”上的钱要比花在“事物”上的更多了。我们投资在生活上的时间、学习上的时间、散步的时间、跟朋友说话吃饭的时间、旅行与阅读的时间、上剧院看电影与听音乐会的时间，以及花在赛马场的时间，都是陶冶修炼的一种。还有坐在客厅或卧室里盯着一个方盒子看的时间，那或许不见得是“陶冶修炼”的最高境界，但它至少使得我们远离街道或是汽车。不久以后，那个方盒子也将变成家庭的信息中心，一个基本的互动设备，而不再仅仅是被动的娱乐，或是装饰性的音响而已了。

第三阶段的成员增多

越来越多的人会有空把钱花在“时间”上，因为第三阶段的成员会变得越来越多，第三阶段也就是全职工作与为人父母之后的一段人生。随着人的寿命变长与职业生涯缩短，如果幸运的话，第三阶段已经从大约55岁维持到80岁。

21世纪，世界上有1/3的成人将处于第三阶段。我们若是明智且能及早计划，这25年可能是非常具有生产力的，单单用来聚积更多“财物”就太可惜了。人生之中，应当有一段不再执著于欲望的阶段，一个弥补过去遗憾的机会。运气与好的医疗将使我们更健康，能够享受我们买的所有“时间产品”，再加上在人生早期阶段做得较好的财务规划，有钱可花的人将会更多。

在第二阶段的工作时间将会缩短

如果在第二阶段工作期间所存的积蓄，不足以负担第三阶段25年没有收入的退休生活，我们就需要也希望再做一些工作，不过工作的性质多半是顾问或助理之类的兼职工作。这类工作可以产生不小的价值，却不至于忙乱。更多人贡献智慧、时间与经验的方式，则是担任企业的顾问或是学校、医院、福利组织与教堂里的半专业人员，借助他们所赚取的薪水与产生的价值创造经济增长。

人的适应能力超乎你的想象

最近借广播电台的系列节目的光，我有机会在英国四处旅行与访问，对象是各行各业的25个人，他们获选的原因是各自从事相当具有代表性的所谓新时代工作。他们之中包括组合式工作者、网络上班族、自己创业者、一对有子女的双职工夫妇、知识组织（咨询公司、金融公司以及广告公司）的核心成员、一位家庭妇男与两位失业男士，以及一群在正规的乡间学校上学的15岁的孩子。受访的大人们都没有事先计划要过自己目前的生活，他们必须适应始料未及的成功（那家大广告公司的总经理只有32岁，已经爬到了企业的顶端），也得适应突如其来的震撼。

那两位失业的男士似乎与大多数人不同，对他们来说，人生似乎毫无意义，也没有希望。但他们都顺利地度过了改变期，我觉得他们看到自己的未来如今清清楚楚地掌握在自己的手里，似乎有一种如释重负的感觉。其中一位说："我很高兴地宣布，我现在失业了！"意思是他再也不要在一个组织里工作了。同样，那些孩子们似乎对校门外等着他们的世界并不心存幻想，即使他们一生中有段时间会属于某个组织，他们也已经决心为自己的人生负责。

成功有许多面貌

我问那25位受访者，成功的定义是什么，大家（包括两位失业男士在内）都没有提到钱。他们说，成功的定义即是做些让自己觉得舒服的事，能够充分发挥潜力。当然，本来以为这25位受访者足以代表我们的新社会，结果却不见得如此，他们或许也没告诉我全部的实话，但至少他们向我证明一点，他们眼中的世界充满了各式各样的问题，其中也蕴藏着机会。他们跳出了单一标准的陷阱，也就是"人生只有一把标尺"的错误观念，我们每个人都可能以不同的方式获得成功。

这七大趋势指出，我们现在有机会达成亚当·斯密当初颇为悲观地以为不可能的事，也就是"享受成长"与"陶冶修炼"。毋庸置疑，购物中心在可预见的未来仍将是大家最喜爱的聚集地，但是购物中心里将会有更多空间供人们享受美食、与人碰面或是打招呼，而不再只是购物而已。道路上也会有更多自行车与行人专用道，当然供汽车行驶的道路也更多。健身房看来即将取代教堂成为社区中心，人们改而崇拜身体，而非神明。其实未来会发生什么，又有谁能知道呢？将来会有越来越多的人需要越来越少的东西，到时大家将拥有更多的时间坐下来思考，也拥有更多的机会扮演“员工”或“顾客”以外的角色，而在昨日的经济中，这两个字眼是最重要的。

企业家的要务

如果我们想听到更多好消息，可就得自己动手去做了。等待那些没名没姓的“他们”为我们改善这个世界可不好。美国第三任总统托马斯·杰斐逊（Thomas Jefferson）认为，良好的经济要素应该激励良好的公民。当时他担心的是人类和农业渐行渐远，大家开始从事非人性的商业，他唯恐我们一旦成为他人机器里的齿轮，就不会再对自己和身边的人负责了。或许经济要素又再一次迫使我们回到原点，重新关注起自己的事务，不过，现在我们应该留意的往往是每个人心中的资源，而非形之于外的事物。一项英国的研究显示，在停止领取福利金的个人当中，有40%是自己创业。无论这是出于绝望抑或是社会上的一股新企业家冲动所致，也算是一个征兆，可见越来越多的人开始明白一切始于自己了。

还有一些人渐渐利用其企业家技能去帮助其他不幸的人。以海伦·泰勒·汤普森（Helen Taylor Thompson）与位于伦敦东区的迈尔德梅教会医院（Mildmay Mission Hospital）为例。1982年，迈尔德梅这个地区医院即将关闭，涉入这所医院事务长达30年的海伦·泰勒·汤普森决心不让它关闭。经过一段长时间的努力之后，她说服政府允许医院重新开张，条件是必须退出英国国家健康体系，并以象征性的租金向政府承租该建筑物。

不久，迈尔德梅医院便成为照料艾滋病患者首屈一指的中心，并且以创新疗法享誉全球。1988年，它成为欧洲第一所艾滋病救济院。在这栋古老的维多利亚式医院里共有32间套房，供照顾艾滋病重症患者使用。除此之外，迈尔德梅医院也设立了专门治疗罹患艾滋病的父母的设备，如此一来，他们便不再需要与孩子分开。该医院今年更计划在乌干达的坎帕拉开设一所治疗中心。迈尔德梅从一所15年前被视为毫无价值的医院，竟然脱胎换骨成为世界级大机构，背后的动力即是一位女性企业家的无穷热情。

这是查尔斯·利德贝特（Charles Leadbetter）在《社会企业家的崛起》（*The Rise of the Social Entrepreneur*）一书中叙述的一个故事。书中指出，英国的福利传统决不可抛弃，但必须改变。社会企业家是这个改变的先驱，他们为原本在新社会中无法享有机会的人设计援助与发展的新方法。英国已经制定了培养2 000名社会企业家的计划，此外也筹划了一所社会创业学校（School of Social Entrepreneuring），它一定要尽可能不同于传统的学校才行，因为从来没有人是在教室里学会怎么当企业家的。

无论是社会还是商业方面的企业家，往往在追寻超越一己之私的事物时，会发现自己的其他层面。这样的人不会以现状为满足。他们一心想要做些改变，所以应该得到鼓励。在欧美服务业当中，大约有一半以上的新秀是女性。这些女性往往在较大的组织中磨炼她们的技能，但最终却发现自己的野心受到所谓“玻璃天花板”的压抑。企业几乎无一例外地成为受挫企业家的摇篮，它们应该把这个特点变为正面的，以期保有这些人才中的一些佼佼者，包括女性在内，同时也在这个社区中播下人才的种子。工作场所向来是人生当中真正的学校，或许它只需要稍稍改变一下课程，就能迎合个人主动精神的新时代。

世上最伟大的图画

我可以毫不犹豫地说出我心目中最伟大的一幅图画——15世纪意大利画家皮埃罗·德拉·弗朗西斯卡（Piero della Francesca）的《复活》（*Resurrection*）。如今它仍然在500年前所画的一面墙上，也就是在意大利的塞波尔科罗小镇的市政厅里。我们应该感谢那些壁画是那么难以移动，因为穿越意大利山峦来到小镇，走进弗朗西斯卡画画的房间，看着他为人类所创作的珍品陈列在眼前，是如此令人兴奋不已。

这幅画很大，占据了整面墙。它描绘的是基督从墓中升起，而本应在旁边守卫的士兵却睡着了，身子倒在石墓的侧面。在塞波尔科罗的山丘与柏树间，在灰色晨曦的烘托之下，基督的身形显得高贵而又威风凛凛。首先令人震慑的是那一对洞悉人心的眼睛，既大胆又意味深长，令人无处遁形。这是一张看尽人生的脸孔，而且他知道自己生命中的位置在哪里。我曾注视这幅画良久，每次走开时总是感到迷惘，然而却又无比振奋。

每个人都可以从伟大的艺术作品中汲取属于自己的意义。对我来说，《复活》蕴含了一种隐喻，而非传统的宗教意义，那就是：我可以自由挣脱过去，并且重新创造自己。如果这么做，我将变得更强大，也更坚定。即使在许多人眼中，目前我的人生算是一大失败，但正如同那幅画中人的一生，最好的还在后头。我不需要像那些士兵一样睡倒在一旁，等待命令。我可能看不到自己努力的全部成果，但是我一定要奋力让其他人受惠，即使我为之而死也不足惜。那才是我能了解的一种不朽。这个意义适用于每一个人、每一种企业与组织。如果我们能够超越过去，最好的永远都还在后头。

支持我的就是这股希望以及一个信念，我相信，当我们关怀他人以至于忘我，或是为超越一己之私的理想而努力的时候，才是最圆满的自己。我们正值应该信任自己的人性甚于制度的时候，却误信了十足自利的意识形态：我们可以像超越大自然的程序一般超越这个制度；我们应该信任自己是既伟大又善良的，即使偶尔信任被放错了地方，也往往很值得，因为我们心中都殷切盼望着一个更为美好的世界。还有哪里比这里更适合开始呢？就如路易斯·麦克尼斯（Louis MacNeice）在《秋日之旅》（*Autumn Journal*）一诗中所描述的：

如果有什么可行、可以实现的事，

就是现在让我们梦想吧

并且祈求一片乐土……

在那儿，纯粹权力与纯粹利益的祭坛

已经弃置不用，

那儿不曾有人见过

什么人以鲜血与金钱的代价

买下金钱与鲜血，

那儿的人不再虚掷时光于坚持己见，

人人乐于与他人合作……

参考文献

d'Ancona, Matthew, *The Ties that Bind Us*, London, The Social Market Foundation, 1996

Bauman, Zygmunt, *Alone Again*, London, Demos, 1994

Bennis, Warren and Biederman, Patricia Ward, *Organizing Genius*, Reading, Mass., Addison-Wesley, 1997

Branden, Nathaniel, *Taking Responsibility*, New York, Simon and Schuster, 1996

Case, John, *Open Book Management*, New York, Harper Collins, 1995

Collins, James C. and Porras, Jerry L., *Built to Last*, New York, Harper Business, 1994

Damasio, A. *Descartes' Error*, London, Picador, 1995

Davidson, James Dale and Rees-Mogg, William, *The Sovereign Individual,* London, Macmillan, 1997

Dawkins, Richard, *The Blind Watchmaker,* London, Penguin, 1993

Drucker, Peter, *Post-Capitalist Society,* Oxford, Butterworth Heinemann, 1993

Fukuyama, Francis, *Trust*, New York, The Free Press, 1995

Gardner, Howard, *Frames of Mind*, London, Heinemann, 1983

Goleman, Daniel, *Emotional Intelligence*, London, Blooms bury, 1996

Goyder, George, *The Just Enterprise*, London, The Adaman tine Press, 1993

Hampden-Turner, Charles, *The Seven Cultures of Capitalism,* New York, Currency Doubleday, 1993

Hillman, James, *The Soul's Code*, New York, Random House, 1996

Hirsch, Fred, *The Social Limits to Growth,* London, Routledge and Kegan Paul, 1997

Huntington, Samuel, *The Clash of Civilizations,* New York, Simon and Schuster, 1996

Jones, Barry, *Sleepers, Wake!* Melbourne, Oxford University Press, 1996

Kay, John, in *Prospect,* London, May 1996

Kinsman, Francis, *Millennium*, London, W. H. Allen, 1989
Korten, David C., *When Corporations Rule the World*, San Francisco, Brett-Koehler, 1995
Kuttner, Robert, *Everything for Sale*, New York, Knopf, 1997
Leadbetter, Charles, *The Rise of the Social Entrepreneur,* London, Demos, 1997
Mohn, Reinhard, *Success Through Partnership*, New York, Doubleday, 1986
Moore, Thomas, *Care of the Soul*, New York, Harper Collins, 1992
Mulgan, Geoff, *Connexity*, London, Chatto and Windus, 1997
Ormerod, Paul, *The Death of Economics,* London, Faber, 1994
Orwell, George, *Keep the Aspidistra Flying,* London, Penguin 1936
Plender, John, *A Stake in the Future*, London, Nicholas Brealey, 1997
Puttnam, Robert, *Making Democracy Work*, Princeton University Press, 1993
Ridley, Matt, *The Origins of Virtue,* London, Viking, 1996
Secretan, Lance H.K., *Reclaiming, Higher Ground,* Toronto, Macmillan, 1996
Singer, Peter, *How Are We to Live?*, Melbourne, Mandarin, 1995
Thuillier, P. *The Great Implosion*, quoted by Julia Rosetti in *Resurgence*, No. 180, Jan/Feb 1997
Thurow, Lester, *The Future of Capitalism*, London, Nicholas Brealey, 1996
Wheatley, Margaret J. and Kellner-Rogers, Myron, *A Simpler Way*, San Francisco, Brett-Koehler, 1996
Whyte, David, *The Heart Aroused*, New York, Currency Doubleday, 1994
Zeldin, Theodore, *An Intimate History of Humanity*, London, Sinclair-Stevenson, 1994